国家自然科学基金项目(41801169)

教育部人文社会科学基金项目(18YJCZH120)

江苏省重点研发计划(社会发展)项目(BE2017777)

江苏省基础研究计划(省自然科学基金)项目(BK20180819)

国土资源部海岸带开发与保护重点实验室开放基金项目(2017CZEPK02)

联合资助

/ 土地利用与生态保护 /

土地利用变化的土壤水文效应研究：
以东南丘陵区为例

吕立刚 著

南京大学出版社

图书在版编目(CIP)数据

土地利用变化的土壤水文效应研究：以东南丘陵区
为例/ 吕立刚著. —南京：南京大学出版社，2018.10
（土地利用与生态保护）
ISBN 978 - 7 - 305 - 21092 - 1

Ⅰ.①土… Ⅱ.①吕… Ⅲ.①太湖－流域－丘陵地－
土地利用－生态环境保护－研究 Ⅳ.①F323.211
②X321.26

中国版本图书馆 CIP 数据核字(2018)第 239820 号

出版发行 南京大学出版社
社　　址 南京市汉口路 22 号　　邮　编　210093
网　　址 http://www.NjupCo.com
出 版 人 金鑫荣

丛 书 名 土地利用与生态保护
书　　名 **土地利用变化的土壤水文效应研究：以东南丘陵区为例**
著　　者 吕立刚
责任编辑 杨　博　吴　汀　　　编辑热线　025 - 83593947
照　　排 南京紫藤制版印务中心
印　　刷 江苏凤凰数码印务有限公司
开　　本 787×960　1/16　印张 11.5　字数 154 千
版　　次 2018 年 10 月第 1 版　2018 年 10 月第 1 次印刷
ISBN　978 - 7 - 305 - 21092 - 1
定　　价 48.00 元

网　　址:http://www.njupco.com
官方微博:http://weibo.com/njupco
官方微信:njupress
销售咨询热线:(025)83594756

前　言

　　太湖流域面临着严峻的水体富营养化问题,而面源营养盐的流失被认为是导致该流域水体富营养化与蓝藻水华频发的重要原因之一,已有研究表明面源营养盐的迁移与土壤水分运动分布密切相关,因此,研究土壤水分运动分布过程对于探讨营养物质循环和控制面源污染具有非常重要的环境意义。

　　太湖流域丘陵区面积 6 151.23 km²,占流域总面积的 16.67％,近年来,在政府鼓励和市场推动的双重作用下,该区域越来越多的生态型用地(竹林)向经济型用地(茶园、果园)转变,这种转变带来巨大经济效益的同时,土壤水分及壤中流的时空分布变化特征等地表关键土壤水文过程也发生着相应的变化,进而影响营养盐的输移循环并引发了河湖水质下降等一系列生态环境问题。当前太湖流域平原区的生态环境问题已引起高度重视,但对丘陵区关注较少。为此,本研究主要内容为太湖流域丘陵生态型用地向经济型用地改变对土壤水分运动分布的影响机制。

　　本书按照"现象机制-模型模拟-拓展应用"的研究框架,选取太湖流域丘陵区的南京市高淳区东坝镇青山茶厂的 2 个相邻但用地类型不同的坡面:竹林和茶园(2001 年前由竹林开发而来),分别代表太湖流域丘陵坡地的典型生态型用地和经济型用地。首先,构建了茶园和竹林土壤水分监测体系:高空间分辨率(8 m)的手动监测点 77 个,其中茶园 39 个,竹林 38

个;高频连续(5 min)的土壤水分自动监测系统 6 个,其中茶园 3 个,竹林 3 个。其次,结合降雨、地形和土壤性质等,识别出了土壤水分时空分布的主要控制因素。再次,利用 Richards 方程构建茶园和竹林坡面二维土壤水分运动模型,并依据时间稳定性理论,采用支持向量机方法,集成高空间分辨率的土壤水分手动监测数据和高时间分辨率的自动监测数据,构建了高时空分辨率的坡面土壤水分分布预测模型。最后,基于所构建的土壤水分运动、分布模型,依据土壤水分时空变异主控因素识别的结果,设置了降雨、土壤质地、坡度等多情境模式,预测了茶园和竹林坡面壤中流的变化特征,识别了茶园和竹林坡面在年度、季节、月份等不同时间尺度上土壤水分分布变化显著的区域,解译了土壤水分分布变化的冷热时间和区域,进而揭示太湖流域丘陵生态型用地向经济型改变对关键土壤水文过程、机制及其控制因素的影响。本书的研究结果可为基于面源营养盐流失的削减和拦截的土地利用优化设计提供科学依据。

目　录

第 1 章 绪论

1.1 研究背景和意义

处于地表岩石圈、水圈、土壤圈和生物圈交互地带的地球关键带（earth's critical zone）的土壤水文过程与土壤、地形以及土地利用之间的交互关系，以及由该交互关系所决定的物质能量的迁移和转化是近年来国内外关注的新兴交叉研究方向（Pachepsky et al.，2006；李小雁，2008；张卫华等，2008；Vepraskas et al.，2009；Lin et al.，2015）。研究土壤水文过程对探讨物质能量（如营养盐）在地表不同界面之间的输移和交换，对控制面源污染有着重要意义（Zhu et al.，2012）；从生物地球化学角度来看，土壤水文过程决定着物质和能量如何在各圈层界面之间转化和存储（Lin et al.，2009；朱青等，2015）；从物理角度来看，土壤水文过程是物质迁移的主要驱动力之一。土壤水文过程影响土壤的理化性质，并决定着土壤中水分和营养盐的有效性，从而对作物产量和农业投入产出的经济效益有着重要的影响，同时，土壤水文过程影响土壤中营养盐和其他污染物质的迁移和循环，因此对控制土壤和水体污染具有重要意义。

太湖流域作为我国经济最发达的区域之一，同时也是生态环境问题最为突出的区域之一，水体的富营养化是该区域当前面临的主要经济和社会发展问题之一。相关研究发现，太湖流域土地开发利用是该区域的水体富营养化诱因之一(li *et al*.,2004;王鹏等,2007;陕永杰等,2011)。太湖流域丘陵区面积 6 151.23 km²,占流域总面积的 16.67%。近年来,在政府鼓励和市场推动的双重作用下,该区域越来越多的生态型用地(竹林)向经济型用地(茶园、果园)转变(韩莹等,2012)。而这种转变在带来巨大经济效益的同时,土壤水分及壤中流的时空分布变化特征等地表关键土壤水文过程也发生着相应的变化(Hupet and Vanclooster,2002;Xue *et al*.,2003;刘玉等,2004;王鹏等,2009;Vepraskas *et al*.,2009),进而影响营养盐的输移循环并引发了河湖水质下降等一系列生态环境问题。当前太湖流域平原区的生态环境问题已引起高度重视,但对丘陵区关注较少。坡面是土壤水文过程的基本空间单元,但对太湖流域丘陵土壤水文过程研究多集中于宏观尺度(刘浏和徐宗学,2012;陈星等,2012),较少关注坡面尺度。

因此,本书基于太湖流域丘陵坡地开发和土地利用方式改变的现状,选取 2 个相邻但用地类型不同的坡面:竹林和茶园(2001 年由竹林开发而来),分别代表生态型用地和经济型用地的丘陵坡地。通过分析茶园和竹林土壤水分时空变异特征及控制机制,模拟其土壤水分运动分布过程,预测在降雨、土壤质地、坡度等多情境模式下的壤中流通量,识别土壤水分分布变化的冷热点区域和时间。深入探讨太湖流域丘陵典型土地利用类型转变对坡面土壤水分分布和运动特征等土壤水文过程的影响机制,可为从土地利用角度研究面源污染物质输移提供理论依据,并对设计和制定该区域水土资源可持续利用和农业水肥管理措施具有较强的现实意义。

1.2　国内外相关研究进展

1.2.1　土壤水分基本概念及监测方法

1.2.1.1　土壤水分基本概念

土壤水分(soil water/soil moisture)指的是地表以下至地下水面(潜

水面）以上土壤层中的水分，亦称非饱和带（unsaturated zone）中的水分（雷志栋等，1999）（图 1-1），土壤水分定义为在一个大气压（1.01×10^5 Pa）下，在 105 ℃ 条件下能从土壤中分离或者驱逐出来的水分。按照土壤水分存在的状态可分为固态水、气态水和液态水三种类型。其中数量最多的是液态水，包括束缚水（吸湿水、膜状水）和自由水（毛管水、重力水和地下水）。

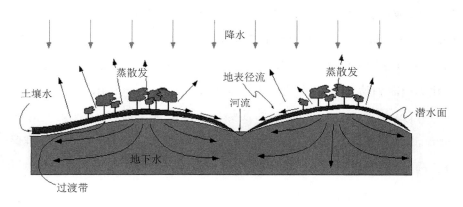

图 1-1 土壤水分示意图（图片来源：http://www3.geosc.psu.edu/）
Fig. 1-1 Schematic representation of soil moisture movement

研究土壤水的方法主要可分为数量法和能量法。数量法主要关注土壤水的形态和数量，容易应用在一般农田条件下，具有很强的实用价值（雷志栋等，1999）。土壤水分含量是表征土壤水分数量特征的重要指标，常用的表示方法有质量含水量（θ_m）、容积含水量（θ_v）、相对含水量、土壤储水量。数量法按照土壤水分所受到不同的作用力，将其划分成不同的类型，但是在实际情况中，各种类型的土壤水分往往是受几种力的共同作用，难以对土壤水分运动进行精确定量，针对此缺陷，可以用能量法来解决（林大仪，2002）。能量法主要从土壤水受各种力作用后自由能的变化研究土壤水分的能态和动态、变化规律。1907 年，Buckingham 提出采用土壤水的能

量状态来研究土壤水的问题（朱铭莪等，1993），1920 年，Gardner 对
Buckingham 的概念和理论进一步拓展，将不同形态的土壤水用能量概念
联系起来。1977 年，土壤水分的能量概念首次被介绍到国内（庄季屏，
1989）。土壤水分能量的概念引入准确的表明了水分移动的方向一定是从
自由能高处向自由能低处移动，用势能来解释土壤中水分的保持，用水分
特征曲线（soil water characterisitic curve）来表示土壤水蕴有的能量水平
即水势（或吸力）的大小与土壤含水量之间的函数关系。土壤水势（soil
water potential）可以作为判断土壤水分能态的统一标尺并且可以在土壤-
植物-大气连续体（SPAC）（Philip，1966）间统一使用。由于引起土壤水势
变化的原因和动力的不同，所以土壤水势包括了基质势（matric potential）、
压力势（hydrostatic potential）、溶质势（osmotic potential）、重力势（gravi-
tational potential）等。然而，利用能态法测定土壤水分比较困难，且很难保
证较高的精度（刘思春等，2011）。

1.2.1.2　土壤水分常用的监测方法

目前，已有多种土壤水分测量方法（何其华等，2003）。按照土壤水分
的监测方法对土壤的干扰程度，可以分为破坏性和非破坏性的方法。根据
方法的本质可以分成直接性的和间接性的。直接性的方法包括烘干法；间
接法是通过测量与土壤水分相关的物理参数获得，包括中子法、时域反射
法、电容和 FDR 法、张力计法、伽马射线法、遥感法、电容传感器法、石膏分
区法、压力板法、探地雷达法等。按照是否直接接触土壤可分为接触型和
非接触型两类（Robinson et al.，2008）：除了遥感方法（卫星、雷达、主动和
被动传感器）外，其他方法包括破坏性采样的烘干法在内均属于接触型土
壤水分监测方法。常用的监测土壤水分方法包括以下几种：

（1）烘干法（gravimetric method）。也称为称重法，烘干法是测定土壤
含水量的标准方法，常作为其他测定方法的依据。常用方法是将土壤样品

放到 105 ℃的恒温箱中烘 24 h 直至恒重,所失去的水分质量和达恒重后干土质量的比值以百分数表示。取样的大小和取样的多少是烘干法测定土壤含水量需要注意的问题(邵明安等,2006)。

(2) 中子法(neutron probe technology)。1963 年起,中子法开始应用于水文领域的土壤水分定量化研究(Chanasyk,1996)。基本原理是通过记录快中子遇到与质量相近的氢原子变为慢中子的数量来计算土壤含水量(Belcher,1950;何其华等,2003)。中子法测量迅速,数据精确,特别适用于深层土壤水分的测量,并且不受土壤水状态影响,例如孟秦倩等(2012)和 Yi 等(2014)均用该法分别对于延安市飞马河小流域黄土山地不同深度和黑河流域中部不同景观类型土壤水分变化进行了监测。但中子有辐射性,对身体健康有一定影响。

(3) 时域反射法(Time Domain Reflectometry,TDR)。基本原理是利用电磁波在不同介质中的传播速度的不同来测定土壤含水量。电磁波的传播速度与介电常数有关,土壤的介电常数大小主要取决于土壤中水的含量,因此通过测定土壤介电常数可求出土壤的含水量。TDR 最先是由 Topp 等(1980)引入并建立了标准的测量土壤水分的方法,较为广泛的应用在国内外点位土壤水分监测中(王晓贤和张学培,2009),例如 Western 等(1999;2004)使用 TDR 在澳大利亚 Tarrawarra 流域监测了不同地形表层(30 cm 深度,520 个样点)土壤水分的空间变异。龚元石等(1997)将 TDR 技术与中子仪和土钻法测定农田土壤水分的精度进行比较,认为 TDR 最精确且稳定性好。

(4) 频域反射法(Frequency Domain Reflectometry,FDR)。FDR 与 TDR 类似,然而由于 TDR 测量时应用超高速延迟测量技术导致成本太高。1992 年,荷兰学者 Hilhorst 提出了频域分解方法,将测量中的时间问题转化成了频谱分析问题,并开发出了一种用于 FDR 土壤水分传感器的专门芯片,提高了 FDR 土壤水分传感器的可靠性并降低了生产成本(宋克鑫,2013)。但该方法需要进行校正并且易受容重(龚元石等,1999)、温度、盐分的影响(Dobriyal *et al.*,2012)。Lin 和 Zhou(2008)采用 EC - 10 (Decagon Devices,Inc.,Pullman,WA)土壤水分探头监测美国宾夕法尼亚州的 Shale Hills 集水域的土壤水分变化;Li 等(2014)用 EC - 5 土壤水分探头监测太湖流域典型土地类型不同深度(10 cm,20 cm,40 cm,60 cm)土壤水分动态变化及其对降雨的响应模式。

(5) 遥感法(remote sensing)。主要原理是测量土壤表面发射或反射的电磁能量,然后分析遥感信息与土壤水分的关系,建立两者之间的信息模型,从而得到土壤水分含量(Romshoo,2004;杨涛等,2010;吴黎等,2014)。遥感方法是获取流域(杨胜天等,2003)、区域及大陆等较大尺度土壤水分的快速有效的方法(Zhu *et al.*,2012)。几乎所有的电磁波段都可以用来监测土壤水分,但是微波是最为适合定量土壤水分条件的波段(Engman,1995)。Champagne 等(2011)采用 AMSR - E 被动微波遥感数据监测了加拿大西部草原地区阿尔伯塔省(Alberta)的农田土壤水分。然而采用遥感监测土壤水分受到植被、下垫面粗糙度、土壤含盐量、土地利用等环境因子的影响及空间分辨率相对较低的限制。

(6) 张力计法(tensiometers)。基本原理是将有连接管的多孔陶土杯插入被测土壤后,管内自由水通过多孔陶土壁与土壤水接触,经过交换后达到水势平衡,从张力计读到的数值为土壤水(陶土头处)的吸力值,即忽略重力势后的基质势的值,根据土壤含水量与基质势之间的关系(土壤水特征曲线)可以确定土壤的含水量。张力计法适用于砂质土壤,不受土壤中盐分的影响(Hensley & Deputy,1999),可以准确估计土壤水分特征曲线湿润段的基质势值,并且可以原位测定土壤水分的连续变化。该方法具有廉价精度高的优点,但是耗时较长,受空间尺度限制,并且仅适用于压力水头在 0~70 kPa 范围内的土壤水分测定,不适用于干燥土壤,在冬季测量值受冻融作用的影响显著(Wallhan,1939)。

土壤水分监测的每种方法在成本、精度、适用的范围、测量的时间上均有优点和局限性（Dobriyal *et al.*，2012）。采用何种监测方法取决于研究的目的、尺度、取样频率、所需数据的精确性和可靠性，因此没有可以适用于所有研究需要的通用方法，在小尺度上一般采用实测的方法，在较大尺度则更多采用遥感反演土壤水分的方法。

1.2.1.3　小结

监测坡面尺度土壤水分可选用常规的土壤水分监测和安装土壤水分自动监测探头等方法。烘干法、时域反射技术等常规土壤水分监测方法均属样点式手动式测定法，具有可测土层多、数据精确、不受大气和植被的影响、可布设较多样点等优点，该方法可获得的土壤水分信息具有较高的空间分辨率，但因其耗时耗力导致采样频率较低，无法获取连续高时间分辨率的土壤水分信息。土壤水分自动监测方法可获得土壤水分变化的高频信息，该方法具有便捷、数据连续等优点，但所需的实验设备价格昂贵，仅适合布设少量样点，难以形成较好的空间覆盖（空间分辨率）。因此，在坡面尺度如何集成传统手动监测方法与点位自动监测方法，兼顾土壤水分监测的时间分辨率和空间分辨率，是土壤水分监测研究的难点之一。

1.2.2　土壤水分时空变异及主要控制因素

1.2.2.1　土壤水分时空变异

土壤水分时空变异（或者土壤水分异质性）是指在一定空间尺度内，不同时间、地点和土层的土壤水分特征存在明显的差异性和多样性（Western *et al.*，1999；邱扬等，2007），土壤水分时空变异是一定尺度范围内蒸散与降水、水分在土壤中纵向和横向再分配等复杂过程作用的结果（Western *et al.*，1998a）。土壤水分时空变异一直是水文学、土壤学等领域研究的热点（Western & Bloschl，1999；Robock，2000）。土壤水分的时间差异是指土壤水分随时间而发生的动态变化。例如张北赢(2007)将土壤水分的时间变化分为稳定期、消耗期和补偿期。土壤水分空间变异性有两种表现形式,其中一种为土壤水分的垂直剖面分布变化,例如汪耀富等(2005)研究不同土层土壤含水量变化,认为0~20 cm土层水分含量变化相对其他土层活跃。土壤水分因空间尺度改变而改变,具有很强的尺度依赖性,研究尺度包括田间尺度(field scale)、坡面尺度(hillslope scale)、流域尺度(catchment scale)、区域尺度(regional scale)、大陆尺度(continent scale)(Romshoo,2004;Western *et al*.,2004)、全球尺度(global scale)。田间或者坡面和流域或集水区紧密的衔接了区域、生态系统等不同的景观空间(王军等,2002;傅伯杰等,2003),因此受到了国内外的广泛关注,其中较多研究主要关注表层(0~10 cm)。

定量描述土壤水分的时空变异特征的基本理论和方法有经典统计(classic statistics)、地统计(geostatistical analysis)、小波分析(wavelet analysis)和时间稳定性(temporal stability analysis)等方法(Vereecken *et al*.,2014)。经典统计是进行时空变异性分析最早采用的一种方法,该理论把土壤水分当作空间随机变量,即认为土壤水分在空间上是相互独立的,一般用平均值、方差、标准差和变异系数(CV)及显著性检验对土壤水分的时空异质性进行描述(朱华德,2014),然而该方法忽略了土壤特性在空间上的相关性。因此,地统计学方法(半变异函数和克立格插值)被引入来研究土壤水分的空间变异性(李亚龙,2008)。半变异函数有3个特征参数:基台值(sill)、变程(range)和块金值(nugget),其中基台值可以表征土壤水分的空间总变异的强弱,变程表征空间相关范围,块金值表征随机变异,然而由于地统计学通常要求均匀取样,需要足够的数据才可以估计出可靠半变异函数(Vereecken *et al*.,2014),因此这给大区域范围的土壤水分的地统计学研究带来一定的困难(Western,1998b;邵晓梅等,2004)。Vachaud等(1985)将时间稳定性引入分析土壤水分的时空动态,发现某些样点可以很好地代表试验地的平均土壤水分,同时有些样点总是高于或者低于平均土壤水分。时间稳定性概念随后在不同研究区被广泛地用来检验土壤水分的空间模式在时间上的相似性。此外,也可以采用小波分析、经验正交函数分析方法(EOF)来分析土壤水分时空变异性,例如 Biswas 和 Si(2011)利用该方法分析了加拿大 Denis 国家野生动物保护区丘状景观土壤储水量的空间变异及其控制因素。EOF 方法也被广泛应用在各尺度的土壤水分时空变异性的研究中,例如 Yoo 和 Kim(2004)在田间尺度(0.64 km²)采用了 EOF 方法分析了土壤水分的时间变异,Verhoest 等(1998)在流域尺度上,应用 EOF 提取了雷达影像中的土壤水分信息并分析其时空变异模式。

1.2.2.2　土壤水分时空变异的影响因素

土壤水分的时空变异特性受土壤性质(Hébrard et al.,2006)、地形特征(Western et al.,2004)、地表植被(Hupet & Vanclooster,2002)、气象(降水)等因素综合影响,不同尺度上土壤水分时空变异的影响因素不同(Yang et al.,2001;邱扬等,2007;Hu et al.,2014),具有明显的尺度依赖性(张俊平等,2009;Zhu & Lin,2011)。在田间或者坡面尺度土壤水分的空间变异主要受植被、土壤性质、地形、太阳辐射等因素影响,例如姚雪玲等(2012)发现地形对坡面尺度土壤水分的影响被植被类型的影响所掩盖。在流域尺度或者集水域尺度主要受不同植物群落的植被类型和不同地貌单元或者土壤类型的土壤性质差异控制(Zhu & Lin,2011),例如邱扬等(2000)在黄土丘陵区小流域研究认为在丰水年植被类型显著影响土壤水分垂直分布,地貌类型与地形因素的影响次之。在区域尺度范围受到降雨和蒸发格局的影响(Entin,1998;Wagenet,1998)。

田间或者坡面尺度的土壤水分空间变异的影响因素分为局地(local)和非局地(nonlocal)因素(Grayson et al.,1997),两类因素相互作用并具有季节(干湿时期)差异性。局地因素例如土壤性质(质地、土层厚度、砾石含量等)(Famiglietti *et al.*，1998；Champa & Mohanty，2010；Zhao *et al.*，2011)和植被(Baroni *et al.*，2013)，非局地因素包括地形(Grayson *et al.*，1997)(图 1 - 2)。在湿润时期，土壤水分主要由非局地因素控制，与侧向壤中流有关；在干旱时期，土壤水分主要由局地因素控制，与垂向的壤中流有关(Grayson *et al.*，1997)。Famiglietti 等(1998)发现坡面土壤水分变异性主要由土壤水力性质控制，在潮湿条件下由孔隙度和导水率控制，而在干旱条件下则由相对高程、坡向和黏土含量控制。Western 等(1999)研究认为土壤水分在湿润期与汇流指数的相关性最显著，史志华(2012)研究发现在干旱期与代表坡向的太阳辐射潜力指数相关性较高。然而，Hébrard 等(2006)研究认为无论在干旱时期还是湿润时期，坡度、坡向和土壤质地等因子对土壤水分的影响均不显著。

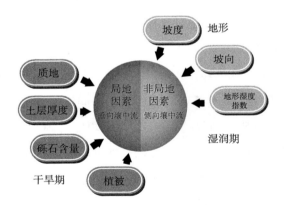

图 1 - 2 坡面尺度土壤水分空间变异的影响因素(据 Grayson *et al.*，1997，改绘)
Fig. 1 - 2 Influencing factors of soil moisture variations at the hillslope scale

田间或者坡面尺度土壤水分空间变异的控制因素存在明显的区域差异性和深度差异性(Zhu & Lin，2011)。Famiglietti(1998)研究认为地形和土壤性质对土壤水分变异的影响具有明显区域差异，在干旱或者半干旱区太阳辐射比较重要,然而在湿润区地下水位可能最为重要。Lannoy 等(2006)在田间尺度(21 ha)观察到,与表层土壤相比,由于地下水的影响下层土壤水分表现出更大的空间变异。Bogena 等(2010)研究发现土壤水分空间变异性随着土壤深度的增加而减小,然而李洪建等(2003)定位观测发现黄土高原的荒地土壤水分在土壤下部明显大于上部。段亮亮等(2014)通过对大兴安岭天然落叶松林的研究发现,降雨对表层土壤含水量影响较大,但对下层土壤含水量影响较小。

1.2.2.3　小结

已有研究对坡面尺度的土壤水分时空变异进行了广泛关注(Qiu et al., 2001;姚雪玲等,2012;Penna et al., 2013;Zhu et al., 2014),但理解和刻画坡面尺度土壤水分的时空变化模式及控制机制仍然是土壤水文领域核心研究问题之一(Sela et al., 2012)。在我国干旱半干旱地区,土壤水分因与作物生长和植被恢复关系密切而广受关注(Fu et al., 2003;Qiu et al., 2003;Zhu & Shao, 2008;王云强等,2012);但在湿润区尚未引起足够的重视。作为我国典型湿润区的太湖流域,区域内雨水充沛、植被茂密,存在面源营养盐流失严重、水质恶化等问题,而这些问题均与土壤水分时空变化息息相关,关于坡面尺度土壤水分时空变异、控制因素等土壤水文过程的机理研究仍然较少。因此,急需在太湖流域开展坡面尺度的土壤水分的研究,揭示坡面土壤水分循环的物理机制,可为控制面源营养盐流失提供依据。

1.2.3　土壤水分分布运动及其模拟和预测

1.2.3.1　土壤水分分布运动过程

土壤中的水很少是静止的。土壤水分运动过程是土壤吸收水分、调节水分,并向相邻土层传递水分的过程(张超,2008)。该过程是土壤饱和、非饱和带中的水、空气、水汽在水力梯度、温度梯度、浓度梯度、渗透梯度等影响下的复杂动态流过程(王力等,2005)。土壤水分运动主要是以液态水流动为主并遵循物质和能量守恒定律,水势梯度是土壤水分运动的内在动力(邵明安等,2006)。

壤中流作为土壤水分运动(裴铁等,1998)的表现形式,包括降水通过土壤孔隙垂直进入土壤的过程和水分沿土壤孔隙向周围和深层扩散的过程。当降水满足冠层截留等损失后,下渗进入土壤包气带(分为根系带、中间带和毛细水带)。包气带中的土壤含水量达到田间持水量后,在土壤内部垂直和水平方向上运动便形成壤中流(图1-3)。土壤-母岩界面、不同土壤层界面以及土壤大孔隙是壤中流产生的主要区域。例如 Haga 等(2005)和付丛生等(2010)发现,在土壤-母岩界面上的饱和流是壤中流的主要产生模式,并对流域总产流量有重要贡献。壤中流受降雨、坡度、土层厚度、耕作方式、植被、土壤性质等的综合影响(Cerdà,2001;Freer et al., 2012;Fan et al., 2015),例如 Sidle 等(2001)发现土壤中的大孔隙(如植物根系)是产生壤中流的重要原因。王峰等(2007)等研究红壤丘陵坡地区不

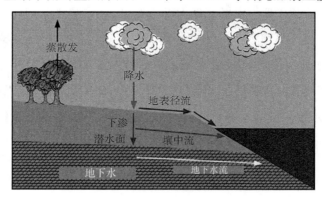

图1-3 坡面土壤水分运动示意图
(图片来源:Soil water movement,2015,http://www.physicalgeography.net)
Fig.1-3 Schematic diagram of soil water movement on a hillslope

同降雨条件下坡地壤中流的产流过程,壤中流对降雨及地表径流的响应均为上层快于下层,且不同降雨类型下壤中流产流机理不同。Abu-Awwad等(1997)研究了土壤结皮对土壤入渗的影响,发现土壤表层结皮是通过堵塞水分向下运动的通道来降低土壤的入渗能力,从而直接影响水分的下渗。但是目前有关壤中流的研究多侧重于模拟和计算壤中流的产流量及其对营养盐输出的贡献(李恒鹏等,2008;徐勤学等,2010),对壤中流的时空分布规律及其产流机理仍需进一步的深入探讨。

1.2.3.2　土壤水分运动分布模拟预测

土壤水分运动分布决定着物质和能量在地表各圈层的运移、转化和存储(Lin,2009),也是揭示和模拟不同空间尺度生态、水文、农业和生物地球化学过程的重要参数(Zhu *et al*.,2012),因此精确获取土壤水分运动分布特征与规律具有十分重要的意义。土壤水分运动分布过程可以采用实验法(Erlingsson *et al*.,2008;Zhang *et al*.,2011)和数值模拟(Mcguire *et al*.,2007)来进行研究。通过实验法可观测土壤水分运动的过程与机制,然而却存在缺陷(Lan *et al*.,2013):首先没有足够的实验数据,其次实验区域并不具有代表性。由于坡面监测耗时、费力,实验方法很难直接监测和量化壤中流和地表漫流(Allaire *et al*.,2009)。

为了解决这些问题,数值模拟被更多地应用于土壤水分运动分布研究。根据原理的不同,目前土壤水分运动模型可以分为系统模型(经验模型)(Lookingbill,2004;Folino *et al*.,2006)、概念模型(水量平衡模型)(王玉娟等,2009)和机理模型(水动力学模型)。相比系统模型(经验模型)和概念模型(水量平衡模型),机理型模型具有明确的物理意义基础,加上计算机数值模拟技术的进步,应用机理模型模拟土壤水分运动分布逐渐成为主流。机理型模型以非饱和土壤水分运动方程为基础,借助计算机支持在已知定解条件下通过数值解法求解土壤水分的动态变化。土壤水动力学理论基于 Darcy 定律和质量守恒的基本方程,Richards 于 1931 年利用数学物理方法推导出了用于描述不同条件下土壤水分运动的动力学过程的土壤水分运动基本方程——Richards 方程(尚松浩等,2009)。由于 Richards 方程是非线性的,只有在简单的初始、边界条件下经过一定的简化才能求得解析解和半解析解(雷志栋,1988),因此实际应用中采用数值方法来进行求解,常用有限差分法和有限元法作为基本的数值方法。

已经有一些通用的土壤水分运动模拟软件,例如 HYDRUS(Šimůnek et al.,1999;Skaggs et al.,2004)、SWAP、WAVE、DRAINMOD 等。目前 HYDRUS 模型较广泛地应用在土壤水分运动的模拟中,例如,Guber 等(2006;2009)先后应用 HYDRUS - 1D 模型对比利时贝克福尔特地区土壤水分动态进行了模拟,并探讨了多模型方法在土壤水分预测中的应用前景,El - Nesr 等(2014)使用 HYDRUS(2D/3D)模拟了不同滴灌技术对土壤水分运动和溶质运移的影响。机理模型因具有严格的物理基础,可以对土壤水分的分布和运动进行详细的描述,多应用于垂直向一维水分剖面问题,也可用于研究层状土壤(高峰,2008),但需要的参数较多(尚松浩等,2009),并且难以获取(Moran et al.,2004;高晓东,2013),因此在小尺度区域以上的研究中,遇到很大困难,需要花费很大财力和精力去获取参数。

1.2.3.3 小结

通过实验法监测土壤水分运动的过程与机制存在耗时、费力等缺陷(Lan et al.,2013),因此,数值模拟方法被更多地应用在土壤水分运动分布研究中。从土壤水分运动分布的数值模拟发展趋势来看,模型从均一垂向的一维流动向复杂边界条件的一维流动模型转变,从田间尺度的一维流动模拟向二维、三维流动模拟转变,从田间尺度模拟向考虑时空变异的区域尺度模拟转变(高峰,2008)。然而土壤水分运动分布过程十分复杂,空间变异性很大,影响因素众多,并且在不同的空间尺度,土壤水分的运动过程和控制机制也不尽相同。因此,在研究土壤水分时空变异基础上,如何通过有限的监测数据精确模拟坡面土壤水分运动分布,定量描述其运动过程,解析其与主要环境因子的关系,仍然是土壤水文学中亟待解决的难题之一。

1.2.4　土壤水分分布变化的冷热点时间和区域识别

异质性是许多自然系统的固有属性,也是生态环境学科广泛关注的热点(McClain et al.,2003)。土壤是生物圈中异质性最高的部分之一,不同空间尺度土壤物质构成和过程状态的异质性已经被广泛表述和分析(Parkin,1993;Webster,2000)。McClain 等(2003)在异质性的概念基础上提出了热点时间(Hot moments)和热点区域(Hot spots)的概念分析框架,在水陆交互作用界面的生物地球化学研究中,有些区域(斑块)相对周边区域(斑块)会表现出不成比例的反应速率,热点区域是空间异质性中的特定形式。而热点时间是相对于较长时间段中表现出不成比例的高反应速率的时刻或者时期(Vidon et al.,2015)。热点区域和热点时间可以相互独立,也可能重叠。热点区域强调的是过程异质性的表现形式或者“率”的突然变化;热点时间通常是指受到某种相对离散事件的扰乱,这种干扰可能导致生态系统及自然环境的改变,许多生物地球化学热点时刻确实与干扰事件一致,但不是所有的干扰事件都会导致生物地球化学反应的速率的增加。McClain 等(2003)认为在时间和空间存在热点这种现象会对溶质通量产生不成比例的影响,而这对理解营养物质的循环非常重要。

热点时间和热点区域的概念分析框架在土壤微生物、碳排放、营养盐流失及污染物治理等生态环境领域得到广泛应用。例如 Groffman 等(2009)论述了热点时间和热点区域在多尺度、多类型(陆地、水生)生态系统反硝化作用模型中的应用前景;Vidon 等(2015)研究了美国新泽西州未恢复的“棕地”的反硝化速率热点时间和空间的驱动因子。Vidon 等(2010)

研究认为在河岸带,P、Hg、S、OM 和杀虫剂等污染物也存在热点时间和区域的现象,并讨论了识别污染物的热点时间和区域对河岸带管理的重要性。Leon 等(2014)在位于墨西哥加利福尼亚州的一个地中海式水生生态系统中,研究了土壤 CO_2 排放的热点时间(时间上高排放)和热点空间(空间上高排放)。Kuzyakov 和 Blagodatskaya(2015)回顾了热点区域在土壤微生物研究领域的应用进展,热点区域的空间分布、大小和可视化的方法等。Zhu 等(2012)基于长期的径流流量和化学监测数据,研究了美国宾夕法尼亚州混合土地利用流域的不同营养盐流失发生的热点区域和热点时间。除此之外,Parke 和 Hackett(2012)还将此概念从生态学引入到了社会学的研究中,认为在科学合作领域也存在热点时间和区域。

土壤水分作为土壤系统的重要状态变量(Lannoy *et al.*, 2006),土壤物质组成及过程状态不同也具有强烈的时间和空间异质性。因此,在一定空间尺度范围内,必然存在土壤水分分布变化强烈的区域,简称为热点区域,而土壤水分分布变化不强烈的区域可称为冷点区域。例如赵成义等(2005)在荒漠-绿洲边缘区研究发现,坡度对土壤水分的分布变化产生显著影响,丘间地的土壤水分变化最为活跃。同时,土壤水分分布变化在时间上也必然会存在变化强烈的时刻(moments)或时期(periods)和变化不强烈的时刻或时期。例如张继光等(2007)研究发现,耕地和牧草地表层土壤水分在雨后 6~8 天变化最为活跃,而撂荒地在 3 天后土壤水分变化最为活跃。

通过研究土壤水分分布变化的冷热点时间与冷热点区域可以深入理解土壤水分的运动机制与路径,而这些土壤水文过程均与节水灌溉、植被恢复、面源污染物迁移转化息息相关。然而,捕捉土壤水分分布的冷热点时间和区域的动态信息(Leon *et al.*, 2014),需要基于高空间分辨率和时间分辨率的采样数据,但受到现有土壤水分监测技术的限制,很难获取具有高时间分辨率和空间分辨率的土壤水分数据,制约了土壤水分分布变化的冷热点时间和区域的研究开展。

1.2.5　土地利用变化对土壤水文过程的影响

土地利用/土地覆盖变化(Land Use and land Cover Change,LUCC)引起许多自然现象和生态过程的变化(傅伯杰等,1999;刘纪远等,2009;Verburg *et al.*,2011),改变了区域气候及大气成分、土壤养分迁移与土壤侵蚀等土壤生态过程、水分循环及水质(郭旭东等,1999;Scheidel & Sorman,2012)。土地利用变化引起大气、土壤、水文、生物等单个环境要素效应和景观生态格局、物质能量循环、生态服务功能等的综合生态效应(王晓东和蒙吉军,2014)(图 1 - 4),已经得到广泛关注。例如 Nobre 等(1991)在亚马孙地区研究发现,大规模的森林转化成牧草地后,地表平均温度上升了 2.5℃,年蒸散减少 30%,降雨减少 25%,土地利用变化显著影响了区域气候。Bronstert 等(2002)研究发现 LUCC 是地面及近地表水文

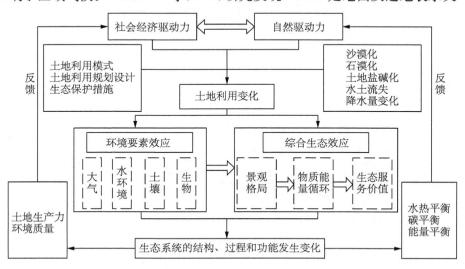

图 1 - 4　土地利用变化的环境生态效应(图片来源:王晓东和蒙吉军,2014)
Fig. 1 - 4　Environmental ecological effects of land use change

过程变化的关键因素。Ross 等(1999)在新西兰地区三个相邻的生态系统研究发现,土地利用类型显著影响土壤有机质和肥力。此外,土地覆被状况的改变与近地表面的蒸散发、截留、下渗等水文要素及其产汇流过程密切相关,从而导致土壤水文过程的显著变化(Zhu *et al.*,2014)。

1.2.5.1 土地利用变化对土壤水文过程的直接影响

土地利用变化导致植被覆被的改变,而覆被的变化影响土壤水分的输入(降雨)(图 1-5)。植被的冠层与地表的枯枝落叶对于降雨的截留和水分的吸持作用影响土壤水分的输入。Li 等(2014)在太湖流域平原区研究

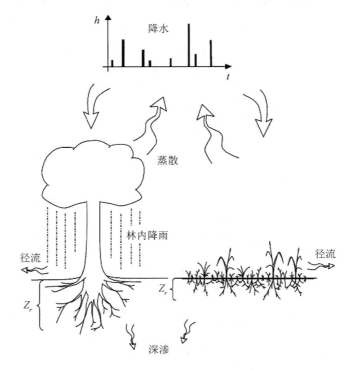

图 1-5 不同植被类型对土壤水分输入、输出的影响(据 Laio *et al.*,2001,改绘)
Fig. 1-5 Influence of vegetation types on the soil water balance

发现,由于林地冠层对降雨的截留,林内降雨量显著小于菜地,菜地表层土壤水分比林地对降雨的响应迅速。Bormann 等(1979)研究发现,森林的枯枝落叶层的拦截水分的能力影响降雨对土壤水分的输入。刘向东等(1989)在六盘山林区研究发现,主要森林类型树冠降雨截留量高达16.2%~29.1%;枯枝落叶层对大气降雨截留量 6%~13%,对林内降雨截留量为 7%~21%。植被的根系吸收影响土壤属性与土壤水分之间的关系,不同植被的根系分布对土壤水分的吸收状况不同,进而影响土壤水分输入和运动分布(Hupet & Vanclooster,2002)。例如 Shen 等(2014)在黑河流域研究发现在 200 cm 的深度以下,农田土壤水分显著低于防护林、沙漠,主要原因是防护林和沙漠灌木具有较为发达的根系,可以吸取地下水补充深层土壤水分。

不同土地利用条件下土壤水分蒸发、植被蒸腾(即地表蒸散,Evapo-Tranpiration,ET)过程不同(刘昌明,1997),显著影响土壤水分的输出和运动分布。不同土地利用类型的植被覆盖、叶面指数、根系深度以及反照率的不同,导致其蒸散速率存在差异(万荣荣和杨桂山,2004)。Dunn 和 Mackay(1995)在英国 Tyne 盆地研究 8 种土地利用类型的蒸散发参数时发现,土地利用变化通过改变蒸散发直接影响水文过程。王彦辉(1989)研究发现,在陇东地区裸地因为没有植被覆盖而土壤蒸发强烈。王晓燕等(2007)研究发现蒸散发与土壤表层水分和植被叶面积指数相关性强,农作区蒸发量显著大于茶园,茶树蒸腾速率大于椪柑。杨新民(2001)在黄土高原定位观测发现,灌木从土壤中吸收水量的 95%左右被蒸腾作用消耗,成为水分循环中的最大水分输出项。张娜等(2001)在长白山研究发现各类植被年蒸腾量的大小顺序依次为:阔叶红松林>阔叶林>草甸>云冷杉林>岳桦林>灌丛。地表枯枝落叶的覆盖也会大量减少地表蒸发,从而减少了土壤水分的无效损失(朱德兰等,2009)。

1.2.5.2 土地利用变化对土壤水文过程的间接影响

土地利用类型、地表植被状况、耕作措施和土地整理措施等在不同程度上改变土壤的物理化学性质和入渗性能(张北赢,2008),从而影响土壤水分的运动分布。土地利用类型或地表植被覆盖的变化可以改变土壤容重、总孔隙度、毛管孔隙度、土壤颗粒组成、有机质含量等土壤物理化学性质,例如郭旭东等(2001)在遵化市低山丘陵区研究发现,土地利用变化引起了土壤物理性质变化,森林砍伐及随后的耕种增加了土壤容重。Hu 等(2009)研究发现,不同植被类型因根系分布差异改变了土壤的理化性质,土壤总孔隙度、毛管孔隙度随着土壤深度的增加逐渐减小。Solomon 等(2000)在坦桑尼亚北部研究发现,农业土壤与原始的林地相比,有机质有显著下降。而土壤物理化学性质变化通过对土壤的蓄水和持水性能产生作用,进而影响土壤水分的运动分布。例如 Fu 等(2003)在干旱区的大南沟流域研究发现,土地利用改变导致的土壤物理性质差异使得渗透能力也随之发生变化,影响了土壤水分空间分布。周择福和李昌哲(1994)在北京九龙山研究发现,有机质的增加可以改善土壤通气状况和蓄水性能。赵世伟等(2002)在子午岭北部研究发现,土壤有机质含量和毛管孔隙度随着植被群落的正向演替大幅度提高,与不同群落下土壤持水性能的变化趋势一致。

土地整理措施、田间耕作及覆盖措施等土地利用管理措施通过改变局地微地形及土壤性质,影响土壤水分的运动分布(Famiglietti *et al*., 1999; Hébrard *et al*., 2006; Cosh *et al*., 2012)。不同土地整治方式及水土保持工程措施通过改变下垫面性质及降雨再分配发生的条件,引起土壤水分分布空间变化。张海等(2007)在黄丘陵区研究发现,坡地工程治理能有效地提高坡地接纳降雨的能力,提高了土壤水分含量。不同耕作方式和覆被方式通过改变土壤物理化学性质影响土壤水分运动分布。例如黄金辉等

(2009)在黄土高原研究发现不同耕作方式土壤水分含量显著不同,免耕(14.28％)＞旋耕(14.13％)＞翻耕(13.57％),不同覆盖措施中,覆草处理的土壤水分含量最高。不同耕作措施主要改变了土壤孔隙特性,导致土壤的持水导水性能不同,从而影响到土壤水分运动分布(Cresswell *et al.*,1993)。例如张海林等(2003)研究发现,翻耕后土壤大孔隙增多,比免耕和铁茬处理高 65％左右,大孔隙增多导致土壤导水性能的变强,湿季不利于土壤储水,干旱时期限制了土壤水分的运动,影响作物对土壤水分的吸收。同时,耕作(比如深翻)对土壤进行了扰动,增加了土壤中有机质与氧气接触的概率,加快了土壤呼吸速率,导致土壤有机质的下降,从而间接影响土壤水分运动分布。

1.2.5.3　丘陵区坡面土地利用格局与优化

山地丘陵地区大多是生态脆弱地区(孙然好等,2009),其土地利用景观类型及变化对人类的生产、生活都产生了巨大的影响(哈凯等,2015)。在坡面尺度,不同的土地利用类型搭配组合形成不同的土地利用格局对于自然现象与生态过程的影响不同。佘冬立等(2011)通过在小区内采用柠条灌木、坡耕地(豆地)和苜蓿草地 3 种土地利用方式进行空间配置形成不同土地利用格局,分析了不同土地利用格局的水土保持效应。刘世梁等(2003)选取了 4 种典型的土地利用类型(灌丛,撂荒地,坡耕地和人工林)与 4 个坡面位置(上坡,中坡,下坡和坡脚)揭示了坡面上土壤质量与土地利用类型、景观位置之间的关系,研究认为坡面土壤质量的变化是土地利用方式变化与景观位置分异综合作用的结果。马云等(2009)等研究发现不同土地利用方式下坡面土壤养分分布存在明显差异,果园-疏林地-有林地和有林地-桑园-坡耕地,这两种土地利用结构类型坡面具有较高的土壤养分含量。Zhu 等(2014)在太湖流域研究发现,混合的土地利用坡面可以减缓营养盐流失和保护局部水质。因此,通过土地规划设计手段,合理配置坡面土地利用格局可以保持水分、养分,有利于植被的生长。尤其在面源营养盐流失严重,土壤水分运动与水质恶化息息相关的太湖流域显得尤为重要。

目前对于土地利用格局优化和设计的研究主要集中在景观或区域尺度。例如,郭小燕等(2015)采用混合蛙跳算法,以提高生态服务价值为目标,对兰州市域的土地利用格局进行了优化模拟。Zhang 等(2013)耦合了 CLUE-S 土地利用模拟模型和非点源污染模型 SWAT 在密云水库流域,开展了以农业面源污染的控制为目标的土地利用格局的优化。Seppelt 等(2003)在美国卡尔弗特县的 Hunting Creek 流域,开展了基于多景观尺度生境模式比较的土地利用模式优化。赵东娟等(2008)以生态适宜性与敏感性分析评价为基础,对山东省栖霞市县域的土地利用格局进行了整体优化。总体看来,土地利用优化设计的研究偏重于宏观尺度,对微观尺度的关注较少,对整体生态环境效应研究较多,而对在深入生态过程微观机理基础上来进行土地利用优化研究的成果较少,使得研究结论并不能很好地指导实践。

总体来看,坡面不同的土地利用类型搭配组合形成不同的土地利用格局对于自然现象与生态过程的影响不同。因此,通过土地规划设计手段,可合理配置坡面土地利用格局提高土地的生态服务功能。然而目前对于土地利用格局优化和设计的研究主要集中在景观、区域等宏观尺度,对坡面等微观尺度的关注较少,而对在深入生态过程微观机理基础上来进行土地利用优化研究的成果较少。

1.2.5.4　小结

土地利用类型和覆被变化后,下垫面条件改变,降雨的截留、植物对土壤水分的摄取,土壤的理化性质、植物根系和土壤大孔隙的分布等也发生相应的改变,从而影响了土壤水分的运动和分布(Hupet & Vanclooster,

2002;Xue *et al.*,2003),进而影响营养盐等物质能量的输移和循环。不同土地利用类型土壤水文过程的研究多基于土壤学、水文学视角,仅将土地利用或者植被类型作为影响土壤水文过程因素,未能有效地揭示 LUCC 对土壤水文过程的影响。而进一步集成地理学、土壤学、水文学等多学科交叉深入开展 LUCC 对土壤水文过程影响机制的研究。

1.2.6 研究进展总结

在太湖流域丘陵区的综合开发和土地利用方式调整的背景下,土壤水分分布和运动规律发生改变,从而影响了该区域面源污染物质的输移。因此,深入探讨太湖流域丘陵区不同土地利用类型方式下的关键土壤水文过程具有重要的现实意义。结合目前的研究进展,该方面的研究仍然存在以下不足。

（1）以往研究对干旱半干旱区土壤水文过程关注较多,对东部湿润区关注较少,太湖流域的土壤水文过程与面源营养盐的迁移密切相关,却较少受到关注。

（2）以往研究多关注太湖流域平原区土地利用变化对生态环境的影响,而对丘陵区土地利用从生态型用地向经济型用地转变对土壤水分运动分布的影响机制关注较少。

（3）集成传统手动监测方法与点位自动监测方法,获取高时空分辨率的土壤水分分布变化数据,仍然是土壤水分监测研究的难点之一,制约了土壤水分分布变化的冷热点时间和区域的研究开展,影响了对土壤水分的运动分布机制的深入理解。

1.3 研究目标与研究内容

1.3.1 研究目标

基于以上文献综述所发现的目前研究中存在的问题和不足,本书拟重点关注太湖流域丘陵区生态型用地转变成经济型用地后所引起的土壤水文效应。在太湖流域丘陵区选取 2 个相邻但用地类型不同的坡面:竹林和茶园(2001 年由竹林开发而来),分别代表生态型用地和经济型用地的丘陵坡地。通过对比竹林和茶园土壤水分时空变异特征及控制因素,模拟土壤水分运动、分布过程,预测其壤中流通量,识别土壤水分分布变化的时空分异特征。从而揭示用地类型改变对关键土壤水文过程、机制及其控制因素的影响,为下一步从土地利用角度开展营养盐流失和面源污染控制研究打下基础。

1.3.2   研究内容

1.3.2.1   典型土地利用坡面土壤水分时空变异特征及主控因素

利用高空间分辨率的坡面土壤水分手动监测数据,分析典型土地利用类型(茶园和竹林)土壤水分的时空动态分布格局,结合坡面不同深度的土壤理化性质(如粒径分布和有机质)和地形因子(如坡度、高程和地形湿度指数)等,分析不同干湿时期典型土地利用类型土壤水分分布的主要控制因素,进而构建它们之间的定量关系,揭示土地利用方式改变对土壤水分时空变异及控制机制的影响。

1.3.2.2   典型土地利用坡面土壤水分运动分布模拟

基于严格物理意义的 HYDRUS‐2D 水文模型,利用有限点剖面高时间分辨率的土壤水分自动监测数据,构建典型土地利用坡面的(茶园和竹林)二维土壤水文动力过程模型,定量描述茶园和竹林的土壤水分运动特征。并依据时间稳定性理论,将高空间分辨率的土壤水分手动监测数据和高时间分辨率的自动监测数据相结合,构建高时空分辨率的坡面土壤水分分布预测模型,精确模拟茶园和竹林坡面土壤水分空间分布格局。

1.3.2.3   典型土地利用坡面土壤水分运动分布过程解析

基于所构建的典型土地利用坡面的(茶园和竹林)二维土壤水文动力

过程模型,依据上述土壤水分时空变异主控因素识别的结果,通过设置降雨、土壤质地、坡度等多情境模式,预测茶园和竹林坡面的壤中流通量,分析壤中流通量的影响因素。基于高时空分辨率的土壤水分空间分布预测模型,利用 GIS 空间分析技术,识别茶园和竹林土壤水分在年度、季节、月份等不同时间尺度上土壤水分分布变化的冷热点区域和时间,间接勾画出典型土地利用类型土壤水分运动分布的时空特征,并对其主要影响因素进行分析。可为面向营养盐(氮、磷)流失控制的土地利用规划设计提供理论基础以及为农业精确灌溉提供直接依据。

第 2 章　研究区概况与数据获取

2.1　研究区概况

太湖流域地势西高东低,东部为太湖平原,西侧为山地丘陵(万荣荣和杨桂山,2005)。其中,平原面积占总面积的 66.67%,丘陵和山地共占约16.67%,水域占总面积的 16.66%。太湖流域作为我国的发达地区之一,其土地利用变化剧烈(Wan & Yang,2007)。由于人口、经济和政策等因素影响,耕地不断减少,建设用地增加迅速,林地、草地和水域增加,土地利用景观破碎,边缘效应增强,环境质量下降。相关研究显示:1979—2009 年太湖流域耕地净减少 5 698.95 km²,其中 88% 转为建设用地,建设用地增加4 764.18 km²,增长率为 143.28 km²/a,增加面积占太湖流域总面积的12.69%(纪迪等,2013;孙小祥等,2014)。徐嘉兴等(2012)研究发现,1990—2008 年间耕地减少 4 792.8 km²;建设用地增加了 4 653.15 km²,新增建设用地面积的 95% 来源于耕地(图 2-1)。

近年来,在政府鼓励和市场推动的双重作用下,在太湖丘陵区越来越多的生态型用地(竹林)向经济型用地(茶园、果园)转变(韩莹等,2012)。刁亚芹等(2013)在太湖流域上游典型丘陵山区研究显示:2000—2011 年间主要土地利用转换类型是林地转向茶园、建设用地及裸地,11 年间茶园面积扩大了 5 倍,每年约 1.6% 的林地转化为茶园,通过情景模拟发现茶园面积的增长速度有不断加快趋势。

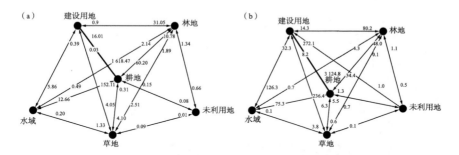

图 2 - 1　太湖流域土地利用类型转移网络(a. 1990—2000 年;b. 2000—2008 年)
Fig. 2 - 1　Network structure of land use Matrix in Taihu Lake Basin during different periods

本研究区域处于太湖流域西部的南京市高淳区的青山流域(图 2 - 2 a),面积为 7.58 km²(758.15 ha),海拔 7～125 米,坡度 0～38%,包含了混交林、毛竹林、茶果园、旱地及水田等东南湿润丘陵区典型的土地利用类型(图 2 - 3)。其中混交林为 362.87 ha,占流域总面积的 47.86%;茶园为 144.12 ha,占流域总面积的 19.01%;毛竹林为 80.96 ha,占流域总面积的 10.68%;旱地为 59.28 ha,占流域面积的 7.82%。该流域于高淳区中部偏东,距县城 25 公里,毗邻安徽省郎溪县。该区属北亚热带和中亚热带过渡季风气候,年均降水量 1 157 mm,近 60% 集中在 6 至 9 月份。年均气温 15.9 ℃,日照时数为 2 074 h。地貌类型属于典型低山丘陵,区域内小山塘众多,为洼地、山地、不规则田块等地形单元构成的综合地貌。地势由北向南倾斜,微地形高低起伏。土壤主要成分为黄砂土、中层黄土,土壤组合以水稻土板浆白泥土为主,包含的土种有黄土、黄白土、白土等。土壤以土层深厚、质地黏重为特征。

研究区具体位于青山流域北部青山茶厂内(31°21′N,119°03′E),区内主要农用地有林地、茶园、旱地等,还有少量的水田,地貌类型为典型的丘

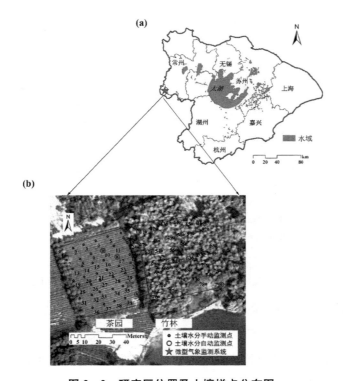

图 2 - 2 研究区位置及土壤样点分布图
Fig. 2 - 2 The geographic location of the study area and sites of soil sampling

陵山区。研究选取了茶园(*Camellia sinensis* (*L.*) *O. Kuntze*)(15 a 生)和
竹林地(*Phyllostachys edulis* (*Carr.*) *H. de Lehaie*)(30 a 生毛竹林)两个
土地利用坡面(图 2 - 2b),坡度变化范围在 0.1%～27.3%,面积约 0.8 ha。
其中,茶园面积为 0.4 ha,竹林面积为 0.4 ha。区内海拔在 80～90 m 之间,
坡面土壤类型以薄层粗骨土为主,薄层粗骨土土层浅(厚度小于1 m),受风
蚀、水蚀影响细粒物质被淋失。土体中岩石碎屑或砾石含量较多(平均砾石
含量 45.98%),局部地方砾石露头;表土灰黑色,心土黄棕色;呈碎块状结构,
土质松散,土壤质地主要为粉质壤土(平均粉粒含量为 73.61%)。

图 2 - 3 青山流域土地利用现状图(2016 年)
Fig. 2 - 3 Land use map of Qingshan Basin in 2016

土壤有机质含量较高(1.73%),磷(0.07%)、钾(1.37%)含量较低,土壤呈弱酸性(pH=6.47)。

2.2 数据获取

2.2.1 监测样点设置

根据研究区地形情况和用地类型,以 8 m 为取样间隔,共设置 77 个监测样点,其中茶园 39 个(编号为 1~40,因 30 号样点探测管破损,导致无法获取数据),竹林 38 个(编号为 41~79,因 69 号样点探测管破损,导致无法获取数据)。结合 GPS 定位确定每个样点的地理坐标,生成相应的样点分布图(图 2 - 2c)。

2.2.2 土壤水分监测

2.2.2.1 土壤水分手动监测

研究采用的土壤水分为土壤体积含水量(θ_v),其单位为 $m^3 \cdot m^{-3}$。在每个样点上,通过土钻取土和埋设 PVC 探测管等方法,利用 TRIME TDR(Time Domain Reflectometry with Intelligent MicroElements,时域反射技术)便携式土壤水分传感器手动监测不同深度(0~20 cm、20~40 cm)剖面的土壤体积含水量(图 2 - 4),分别用 10 cm、30 cm 代表。土壤水分传感器的测量范围是 0~100%,测量精度为 ±2%~ ±4%,电导率范围为0~12 dS/m,操作温度范围−15 ℃~+50 ℃。

土壤水分手动监测的时期为 2013 年 1 月至 2015 年 8 月,每月 1~2次,并在典型降雨时期加大了采样频率,共计 35 次。其中,2013 年 13 次,2014 年 16 次,2015 年 6 次,具体的采样日期如表 2 - 1 所示,每个土壤深度测定两个正交方向,取其平均值为该层土壤含水量。

图 2 - 4　土壤水分手动测量示意图(a. 土壤水分监测样点；b. 采用 TDR 测量土壤水分)
Fig. 2 - 4　Schematic representation of manual soil moisture monitoring

表 2 - 1　土壤水分手动监测日期
Tab. 2 - 1　Sampling date of manual soil moisture collection

年份	采样日期(月/日)	采样次数
2013	01/09、03/11、03/27、05/10、05/13、05/15、07/07、07/31、09/17、09/26、10/18、11/13、12/16	13 次
2014	01/06、02/26、03/27、04/24、05/23、06/03、06/06、06/11、07/07、08/18、09/05、09/30、10/15、11/04、12/08、12/26	16 次
2015	01/18、02/05、03/25、04/17、05/26、07/02	6 次

2.2.2.2　土壤水分自动监测

在茶园和竹林里分别安装 3 套土壤水分自动监测系统(real-time mo-
nitoring systems)(图 2 - 2b、图 2 - 5)。根据 2013 年 1 月—8 月期间 9 次
土壤水分手动测量结果,在茶园选择土壤含水量最不稳定的 10 号样点,土
壤含水量最高的 17 号样点以及最稳定的 40 号样点附近分别挖掘土壤剖
面,在剖面上安装具有自动监测功能的 Decagon 土壤水分探头,定期自动
监测剖面不同深度层的含水量。在竹林中选择在最稳定且土壤含水量接
近平均值的 61 号样点,较为干燥的 53 号样点以及最湿润且最不稳定的 79

号样点附近挖掘剖面,在剖面不同发生层上安装了 Decagon 土壤水分探头,每5 min采集一次数据。在 10 号、17 号、40 号、53 号和 61 号样点上土壤水分的观测深度分别为 5 cm、10 cm 和 30 cm,而在 79 号样点上观测深度为5 cm、10 cm、30 cm 和 40 cm(表 2-2)。Decagon 土壤水分探头安装的时间为 2013 年 9 月 27 日,研究所采用的数据为 2013 年 9 月 27 日至 2015 年 8 月 31 日。

图 2-5 土壤水分自动监测系统示意图
(a. 土壤水分自动监测;b. 土壤水分实时记录仪及野外保护装置;c. EC 土壤水分探头)
Fig. 2-5 Schematic representation of automatic soil moisture collection

表 2-2 土壤水分自动监测系统安装具体位置和个数列表
Tab.2-2 Location and number of automatic soil moisture collection

用地类型	样点编号	土壤水分状态	探头安装深度(cm)	探头数(个)
茶园	10 号	10 cm 深度最不稳定,30 cm 深度最稳定	5	2
			10	2
			30	1

续表

用地类型	样点编号	土壤水分状态	探头安装深度(cm)	探头数(个)
茶园	17 号	最湿,10 cm、30 cm 一般稳定	5	2
			10	2
			30	1
	40 号	最稳定,且值仅略高于平均	5	2
			10	2
			30	1
竹林	53 号	较干,较稳定,上坡	5	1
			10	3
			30	1
	61 号	最稳定,值近似于平均	5	1
			10	3
			30	1
	79 号	最湿,最不稳定	5	1
			10	2
			30	1
			40	1

2.2.3 土壤性质测定

2.2.3.1 土壤样品采集与处理

在典型土地利用坡面各监测样点上,采用土钻法获取对应不同深度剖面的土壤样本,每层在距离 PVC 管 1 m 范围内设置 3 个重复,将重复样充分混合放入样品袋中,带回实验室自然风干后,捡出植物根系和残体,过 2 mm 尼龙筛,称量留在筛上的碎石重量得到砾石含量,将去除碎石的土样研磨,全部过 2 mm 尼龙筛,土壤样品用四分法分别取部分,继续碾磨后过 0.25 mm 尼龙筛,装入封口袋中,供测定有机质等项目分析使用。

2.2.3.2 土壤理化性质测定

采用过 2 mm 尼龙筛后的土样进行质地分析，所用仪器为激光粒度仪（Mastersizer 2000，Malvern，Britain）。土壤颗粒的分级标准为美国制（邵明安等，2006）：砂粒（0.05～2 mm）、粉粒（0.002～0.05 mm）和黏粒（<0.002 mm）。有机质的测定采用重铬酸钾氧化-外加热法（韩丹等，2012）（表 2-3）。

表 2-3 土壤基本性质统计概述

Tab.2-3 Soil physico-chemical properties on two hillslopes

土层深度	指标	茶园			竹林		
		平均值（%）	标准差（%）	变异系数（%）	平均值（%）	标准差（%）	变异系数（%）
	砂粒	12.80	4.23	33.02	12.45	6.07	48.71
	粉粒	72.25	3.46	4.80	75.03	5.64	7.52
0～20 cm	黏粒	14.96	1.95	13.04	12.52	1.23	9.82
	砾石含量	49.51	7.64	15.42	42.16	10.09	23.93
	有机质	2.14	0.43	20.28	2.10	0.32	15.04
	砂粒	13.54	4.43	32.73	9.61	3.71	38.65
	粉粒	71.62	3.60	5.03	76.38	4.60	6.03
20～40 cm	黏粒	14.84	1.87	12.62	14.01	2.56	18.30
	砾石含量	51.41	10.72	20.86	42.76	10.14	23.71
	有机质	1.74	0.43	24.50	1.37	0.43	31.14

研究区土壤质地均以粉粒为主，空间分布在不同土壤深度相近，但在不同土地利用类型却差异明显（图 2-6）。在土壤的颗粒组成比中，粉粒所占的比例最高，约占到了 75%，砂粒含量和黏粒含量相当，各占约 12.5%。此外，研究坡面砾石质量约占土壤质量的一半。茶园黏粒含量的空间分布自中部向四周减小，林地黏粒含量在空间上无明显规律，仅西北角数值偏高。值得注意的是，研究区土壤质地的空间波动幅度不大，表明其空间变

异不大,这与土壤质地的变异系数分布是一致的,根据 Nielsen 的划分标准,砾石含量、砂粒含量和黏粒含量都表现为中等变异性,粉粒含量因变异系数小于 10%,因而表现为弱变异性。

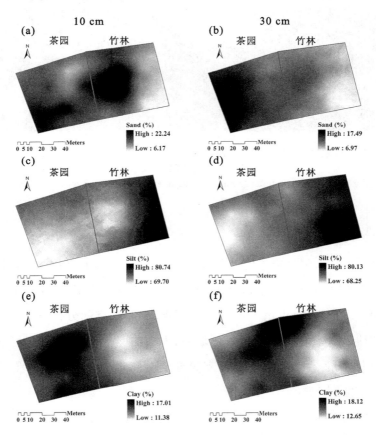

图 2－6　研究区土壤质地(a.b.砂粒 Sand;c.d.粉粒 Silt;e.f.黏粒 clay)
Fig. 2－6　Soil texture of study area

2.2.4　气象指标监测

在茶园坡面设置微型气象站(图 2－7),自动监测气象数据,包括降水量、相对湿度、温度、太阳辐射、风速、风向和叶面湿度等,监测频率为

5 min/次。在竹林 79 号点安装雨量筒,以 5 min/次频率监测竹林降水量。

a. 微型气象站;b. 微型气象站的风向风速测定装置;c. 微型气象站的雨量筒
图 2 - 7　微型气象监测系统
Fig. 2 - 7　Min-automatic meteorological station installed on the hillslope

2.2.5　地形因子提取

根据南京市国土资源局提供的 1∶1 000 地形图,并采用全站仪进行了加密测量,生成 1 m 分辨率的研究区数字高程模型(DEM),利用 ArcGIS 9.3的 Hydrology Tool 和 Spatial Analyst 空间分析模块提取各研究区的地形因子,包括海拔、坡度、坡向、平面曲率、剖面曲率和地形湿度指数(TWI)(图 2 - 8),具体的提取方法参见相关文献(何长斌,2007;汤国安等 2009;姚志宏等,2011)。

主要地形因子的空间变异因具体类别的不同差异极大,在林地与茶园分布类似(图 2 - 8)。由于茶园与林地分布于同一坡面,因而其高程、坡度的分布差异不大,整体上高程在 77~87 m 之间变化,茶园略高于林地,表现为弱变异性,图 2 - 8a 表明在空间分布上,两种土地利用类型的高程都显示出明显的西北高东南低的趋势。研究区坡度在 0~27.25% 之间波动,表现为中等变异性,茶园坡度由北向南逐渐升高,林地的坡度要小于茶园,且

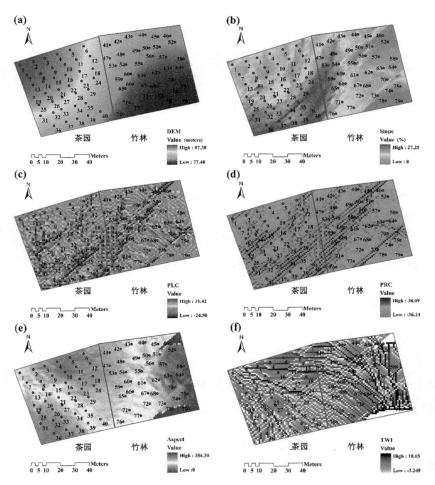

（a. 数字高程模型 DEM：Digital Elevation Model；b. 坡度 Slope；c. 平面曲率
PLC：PLane Curvature；d. 剖面曲率 PRC：PRofile Curvature，e. 坡向 Aspect；
f. 地形湿度指数 TWI：Topographic Wetness Index）

图 2‑8　研究区地形因子

Fig. 2‑8　Topographical properties of study area

扫一扫
阅读彩图

不同于茶园坡度的南北递变，林地坡度自西向东逐渐减小（图 2‑8b）。剖
面曲率和地形湿度指数虽然受土地利用类型的影响较小，但其变异系数均
超过了 100%，属于强变异性。

第 3 章　典型土地利用坡面土壤水分时空变异及其主控因子

3.1　研究区土壤水分干湿时期划分与时空变异分析方法

3.1.1　土壤水分干湿时期划分

采用聚类分析对研究区土壤水分干旱和湿润时期进行划分。聚类分析是统计学上研究多要素事物分类问题的数量方法,它根据要素自身属性能够定量地确定样本之间的亲疏关系,并按这种亲疏关系程度对样本进行聚类(徐建华,2002;Leonard & Droege,2008)。常用的聚类分析方法主要有层次聚类和非层次聚类。由于土壤水分数据的量纲相同,利用 SPSS 软件直接基于茶园和竹林的 10 cm、30 cm 深度的平均土壤水分含量数据分层聚类,采用离差平方和法,选择欧氏距离聚类得到树形图,聚类树状图可以形象地反映不同时期土壤水分平均值间的远近程度,借此来划分干湿时期。其中干旱时期:2013/7/31、2013/9/17、2013/9/26、2013/10/18、2013/11/13、2013/12/16、2014/1/6、2014/5/23、2014/6/3、2014/6/6、2014/6/11。湿润时期:2013/1/9、2013/3/11、2013/3/27、2013/5/10、2013/5/13、2013/5/15、2013/7/7、2014/2/26、2014/3/27、2014/4/24、2014/7/7、2014/8/18、2014/9/5、2014/9/30、2014/11/4、2014/12/8、2014/12/26、2014/

10/15。

3.1.2　土壤水分时空变异分析方法

3.1.2.1　经典统计分析

采用平均值、标准差、变异系数、偏度、峰度和 K－S 值等经典统计参数描述典型土地利用土壤水的总体变化特征。其中,标准差是各数据偏离平均数的距离的平均数,可反映土壤水分数据的离散程度;变异系数(CV)的大小可反映土壤水分的空间变异程度,CV≤10 ％为弱变异性,CV 在 10%～100%之间为中等变异性,CV≥100 ％为强变异性(王红梅等,2013);采用单样本 Kolomogorov-Semirnov（KS)分布检验是否均服从正态分布,便于使用地统计学方法进行分析(徐慧芳等,2014)。经典统计分析采用 PASW Statistics 18.0 软件,绘制相关统计图件采用 SigmaPlot 12.5 软件。

3.1.2.2　地统计分析

地统计学是以区域化变量理论为基础,以变异函数为主要工具,利用原始数据和半方差函数的结构性,对未采样点的区域化变量进行无偏估值的一种方法,其表达式为:

$$\gamma(h) = \frac{1}{2N(h)} \sum_{i=1}^{N(h)} \left[Z(X_i) - Z(X_i + h) \right]^2 \qquad (3-1)$$

式中,$\gamma(h)$ 为变异函数,h 为距离矢量,$N(h)$ 为相距 h 的数据对数,$Z(X_i)$ 和 $Z(X_i+h)$ 为空间位置 X_i 和 X_i+h 对应的观测值。随着距离段的变化,可计算出一系列的变异函数值,以 h 为横坐标,$\gamma(h)$ 为纵坐标作图,便得到了变异函数图(张朝生等,1997),实际上理论变异函数模型是未知的,往往需要从有效的空间取样数据中去估计,用现有的模型来拟合变异函数图,模型主要有球状理论模型、指数模型、高斯模型和线性模型(王齐瑞,2008)。

高斯模型:

$$\gamma(h) = C_0 + C\left[1 - \exp\left(-\frac{h^2}{a^2}\right)\right] \tag{3-2}$$

球状模型:

$$\gamma(h) = \begin{cases} C_0 + C\left[\frac{2}{3}\left(\frac{h}{a}\right) - \frac{1}{2}\left(\frac{h}{a}\right)^2\right] & h \leqslant a \\ C_0 + C & h > a \end{cases} \tag{3-3}$$

指数模型:

$$\gamma(h) = C_0 + C\left[1 - \exp\left(-\frac{h}{a}\right)\right] \tag{3-4}$$

线性模型:

$$\gamma(h) = \begin{cases} C_0 + C\left(\frac{h}{a}\right) & h \leqslant a \\ C_0 + C & h > a \end{cases} \tag{3-5}$$

其中,C_0 为块金值(nugget),C 为偏基台值,$C + C_0$ 为基台值(sill),球状模型和线性模型的变程为 a,高斯模型中变程为 $\sqrt{3}\,a$;指数模型中变程为 $3a$。最优拟合模型的选择标准,为具有最大决定系数(R^2)和最小残差平方和(RSS)。

变异函数的 4 个重要的参数,即基台值 $C + C_0$(sill)、块金值 C_0(nugget)、空间异质比($C_0/C + C_0$)和变程 A_0(range)(图 3-1)。基台值表示样本总变异;块金值表示区域变量在比采样尺度更小尺度上的随机变异,主要来源是小于抽样尺度的空间结构变异和测量随机误差;空间异质比($C_0/C + C_0$)表示变量的随机部分引起的空间异质性占系统总变异的比例,按照 Cambardella 等(1994)的划分标准,当该值大于 75 %,属于弱的空间自相关,随机部分引起的空间异质性程度起主要作用,若在 25%~75% 之间,属于中等程度空间自相关,小于 25% 属于强的空间相关,说明因子具有很好的空间结构性(王军等,2000);变程是研究变量存在空间自相关特性的最大距离。

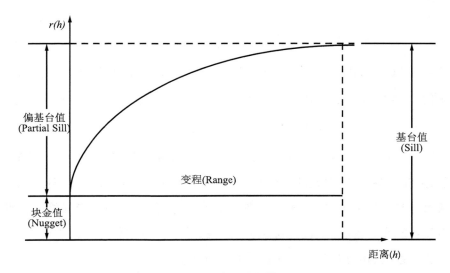

图 3－1　半变异函数模型图
Fig. 3－1　Spherical variogram model

本研究的变异函数分析及模型拟合在专业地统计软件 GS＋ 9.0 中进行，最优的半变异函数模型将为普通克里格插值提供参数，利用 ArcGIS 9.3中的 Spatial Analyst 进行普通克里格插值（Kriging）并绘制空间分布图。克里格插值方法最早于 1951 年由南非采矿工程师 Krige 提出，最初主要应用于矿产估计，经过几十年的发展，现在已经广泛应用于地学的各个领域。克里格插值法的实质就是利用区域化变量的有限个采样点来预测整个区域化变量的空间分布。克里格插值法又可以分为普通克里格、协同克里格等多个类别。Kriging 估值的一般性方程可表示为：

$$z^*(x_p) = \sum_{i=1}^{I} \lambda_i z(x_i) \tag{3-6}$$

同时满足：

$$\begin{cases} \sum\limits_{i=1}^{I} \lambda_i \gamma(x_i, x_j) - \mu = \gamma(x_i, x) \\ \sum\limits_{i=1}^{I} \lambda_i = 1 \end{cases} \qquad (3-7)$$

式中：$z^*(x_p)$ 为在位置 x_p 处的 Kriging 预测值；$z(x_i)$ 为在位置 x_i 处的已知值；λ_i 为样本 z 在 x_i 处的权重；$\gamma(x_i, x_j)$ 为半方差；μ 为 Lagrange 算子。

3.1.2.3　时间稳定性分析

Vachaud 等（1985）研究发现在田间尺度或流域尺度，土壤水分空间变异存在时间稳定性现象，即土壤水分虽随时间及空间位置变化，但当把土壤水分与平均土壤水分比较或者按照大小排序时发现，空间变异格局并没有发生改变。目前，分析土壤水分时间稳定性的方法较多，例如 Spearma 秩相关系数、相对差分等。本研究采用相对差分法：

$$SM_j = \frac{1}{N} \sum_{i=1}^{N} SM_{ij} \qquad (3-8)$$

$$\delta_i = \frac{1}{M} \sum_{j=1}^{M} \left(\frac{SM_{ij} - SM_j}{SM_j} \right) \qquad (3-9)$$

$$S_{\delta i} = \sqrt{\frac{1}{M} \sum_{j=1}^{M} (\delta_{ij} - \delta_i)^2} \qquad (3-10)$$

式中，SM_j 为一定空间尺度（茶园或者竹林）和土壤深度（10 cm 或 30 cm）的采样日期 j 实测土壤水分的平均值；SM_{ij} 为一定土壤深度采样点 i 在采样日期 j 的实测土壤水分；N 为采样点个数（茶园 10 cm 和 30 cm 深度分别为 39 和 37 个，竹林分别为 39 个和 36 个）；δ_i 为在一定深度采样点 i 土壤水分相对偏差的算术平均值（MRD）；M 为采样次数；$S_{\delta i}$ 为采样点 i 所有采样日期土壤水分含量相对偏差的标准差（SDRD）。当 $\delta_i > 0$，该采样点的湿润程度高于研究区的平均湿润程度；当 $\delta_i < 0$ 时，该采样点的湿润程度低于研究区的平均湿润程度；当 $\delta_i = 0$ 时，该采样点代表了研究区的平均湿润程

度。$S_{\delta i}$ 越大,说明该样点土壤水分含量在时间尺度上表现越不稳定。

3.1.2.4　空间变异与环境因子相关分析

在分析土壤水分时间稳定性的基础上,首先采用 Spearman 秩相关分析每一个采样的土壤水分时间稳定性(MRD)与其土壤性质和地形特征的关系强弱。然后将采样点的 MRD 作为因变量,采样点对应的土壤性质和地形特征作为自变量,采用逐步多元线性回归来定量分析土壤水分(或者时间稳定性)的影响因素及其贡献率的大小。逐步多元线性回归中自变量进入的显著性水平为 $P<0.15$。

3.2　典型土地利用坡面土壤水分时空变异特征

3.2.1　土壤水分时间变化特征

茶园和竹林不同深度(10 cm、30 cm)的土层土壤含水量统计特征值如图 3-2、图 3-3、图 3-4 和图 3-5 所示。总体来看,在 2013—2014 年两年中的不同月份,受降雨和气温变化的影响,茶园不同深度(10 cm、30 cm)土壤水分的平均值、变异系数等统计指标随时间变化明显。

从整个采样时期来看,在 10 cm 深度,茶园的土壤水分平均值在 $0.073\sim0.189$ cm^3 · cm^{-3} 之间浮动变化,整个采样期平均土壤含水量为 0.125 cm^3 · cm^{-3};竹林的平均土壤含水量在 $0.103\sim0.296$ cm^3 · cm^{-3} 之间浮动变化,整个采样期平均土壤含水量为 0.208 cm^3 · cm^{-3}。竹林平均土壤含水量为茶园的 1.67 倍,明显高于茶园。在 30 cm 深度处,也表现出同样的规律(图 3-2)。

区分干湿时期来看,竹林平均土壤含水量也高于茶园,与湿润时期相比,干旱时期竹林和茶园的平均土壤水分的差距更大(干旱时期:1.88 倍;湿润时期:1.57 倍)。在干旱时期,茶园和竹林土壤水分含量在 10 cm 深度较低(分别为 0.873 cm^3 · cm^{-3} 和 0.138 cm^3 · cm^{-3}),在 30 cm 深度较高

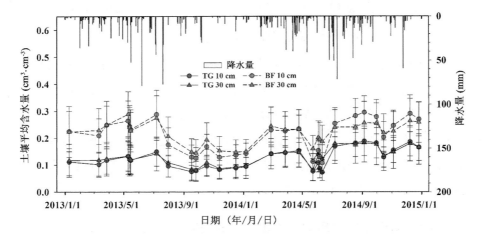

图 3‐2　茶园(TG)和竹林(BF)不同深度(10 cm、30 cm)土壤水分平均值变化

Fig.3‐2　**Temporal changes of the mean soil moisture at depths of 10 cm and 30 cm on the tea garden and bamboo forest hillslopes**

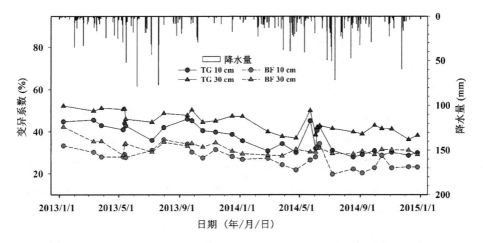

图 3‐3　茶园(TG)和竹林(BF)不同深度(10 cm、30 cm)土壤水分变异系数变化

Fig.3‐3　**Temporal changes of coeffient of variation for soil moisture at depths of 10 cm and 30 cm on the tea garden and bamboo forest hillslopes**

（分别为 0.103 cm³·cm⁻³ 和 0.169 cm³·cm⁻³），而在湿润时期，10 cm 深度的土壤水分与 30 cm 深度接近，可能是由于表层 10 cm 土壤水分得到降雨补充。干旱时期降雨较少，地表土壤受到太阳辐射、风速等气象因子的影响，表层 10 cm 深度的土壤水分受到蒸发损耗较 30 cm 深度严重。

总体来看，茶园和竹林不同深度土壤含水量平均值随时间的变化趋势基本相似，土壤含水量的变化是前期降雨量与蒸发蒸腾交互作用的结果（邱扬等，2001）。茶园和竹林土壤含水量平均值与前期降雨量（前期降雨量数据为测定之前 7 天内的累计降雨量）之间存在明显的正相关关系，茶园 10 cm 深度的土壤含水量平均值与前期降雨量的相关系数（0.582，$P <$ 0.01）略大于 30 cm 深度（0.554，$P <$ 0.01），竹林也表现出同样的规律，竹林 10 cm 深度的土壤含水量平均值与前期降雨量的相关系数（0.566，$P <$ 0.01）略大于 30 cm（0.505，$P <$ 0.01），表明表层的土壤水分更易受到的前期降雨的影响。此外相关研究表明，植被季节生长以及人工管理措施会对土壤水分产生影响（巩合德等，2008）。茶园的修剪一般在 4～5 月份进行，修剪后茶园树冠覆盖度变小、土壤裸露面大以及茶树生长旺盛，土壤水分会随着土壤蒸发和根系吸水等作用增强而损失明显，导致土壤水分含量变小。但如图 3-2 所示，茶园该时期的土壤水分含量并没有显著低于其他月份，这主要是因为研究区处于我国东部湿润区，降水的时间分配极不均匀，土壤水分因植被生长和田间管理损失显著的时期恰好与降雨集中的时期重合，降雨等气象因子对土壤水分的影响掩盖了植被生长和田间管理对土壤水分的影响。毛竹作为常绿的植被，处于比较稳定的自然生长状态，不存在明显衰败期和田间管理，土壤含水量的变化基本与研究区域的降雨和蒸发季节变化一致（刘蔚漪等，2015）。

整个采样时期来看，茶园和竹林土壤含水量的标准差、变异系数、峰度和偏度随时间变化显著（图 3-3、图 3-4 和图 3-5），但不同用地类型的土壤含水量的标准差和变异系数存在显著差异。竹林的不同深度的标准差

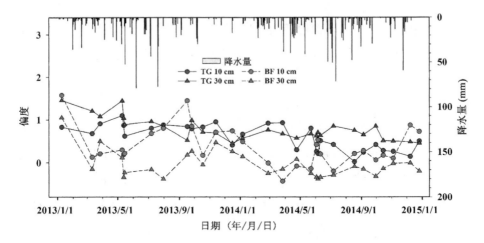

图 3 - 4　茶园(TG)和竹林(BF)不同深度(10 cm、30 cm)土壤水分偏度变化
Fig. 3 - 4　Temporal changes of skewness for soil moisture at depths of 10 cm
and 30 cm on tea garden and bamboo forest hillslopes

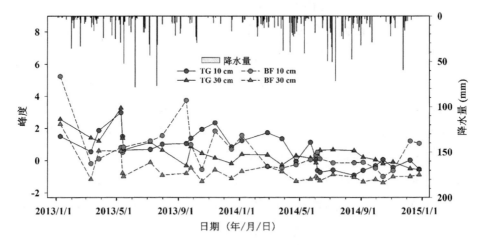

图 3 - 5　茶园(TG)和竹林(BF)不同深度(10 cm、30 cm)土壤水分峰度变化
Fig.3 - 5　Temporal changes of kurtosis for soil moisture at depths of 10 cm
and 30 cm on the tea garden and bamboo forest hillslopes

明显高于茶园对应深度的标准差。然而,茶园的不同深度的变异系数明显高于竹林对应深度的变异系数。茶园 10 cm 深度变异系数在 27.95%～46.04%之间,30 cm 深度变异系数在 36.34%～52.20%之间,属于中等变异(10%～100%)。竹林 10 cm 深度的变异系数在 19.78%～36.25%之间,30 cm深度的变异系数在 28.47%～42.26%之间。

区分干湿时期来看(图 3-6),标准差和变异系数所表现的规律仍然存在。之所以土壤含水量标准差与变异系数(CV)的结论不一致,主要是因为CV 是标准差相对于平均值的比值,由于竹林土壤含水量明显高于茶园,而小范围内土壤含水量的空间差异偏小,才造成竹林土壤含水量的 CV 值小于茶园。因此,用标准差来衡量竹林和茶园的土壤含水量的空间变异更为

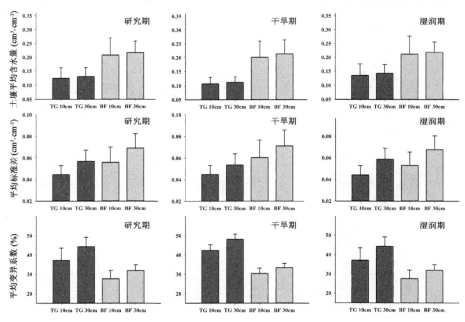

图 3-6　茶园(TG)和竹林(BF)不同深度(10 cm、30c m)土壤水分统计特征对比
Fig.3-6　Statistical characteristics at depths of 10 cm and 30 cm on the tea garden and bamboo forest hillslopes

合适,与茶园相比,竹林的土壤水分空间变异更大,本书"3.2.2 土壤水分分布空间结构"的分析也证明了这一点。此外,茶园和竹林土壤水分的标准差和变异系数,均表现为 30 cm 深度大于 10 cm 深度,说明 10 cm 深度的土壤水分空间分布相对较为平均,而 30 cm 深度土壤水分的空间异质性更强(姚雪玲等,2012)。随着土壤深度增加,土壤水分蒸发作用减弱,而受植被蒸腾作用影响加大(王彦辉,1989)。

不同用地坡面的土壤水分含量平均值与标准差关系密切,茶园和竹林均表现出土壤含水量平均值越大(图 3 - 7、图 3 - 8),标准差越大的规律。其他研究也表明土壤含水量的平均值和标准差呈正相关关系(Hawley *et al.*,1983;邱扬等,2007)。然而,这种关系在不同用地类型及深度存在差异,茶园 10 cm 和 30 cm 深度、竹林 10 cm 深度的土壤水分含量平均值与

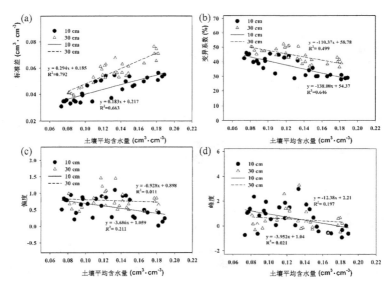

图 3 - 7 茶园土壤水分平均值与标准差(a),变异系数(b),偏度(c),峰度(b)的关系
Fig. 3 - 7 Relationships between standard deviation (a), coefficients of variation (b), skewness (c), kurtosis (d) and mean soil water content depths on tea garden hillslope

变异系数(CV)呈现中等相关关系,土壤含水量越大,变异系数越小(图
3-7、图 3-8)。Owe 等(1982)在美国南达科他州的研究也发现了变异系
数(CV)随着平均土壤含水量的增大而降低的规律,然而 Hills 和 Reynolds
(1969)的研究认为,土壤水分变异在中等土壤湿度时最大。茶园和竹林的
土壤含水量平均值与偏度、锋度的关系并不明显。

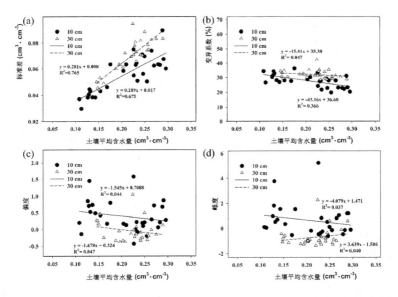

图 3-8　竹林土壤水分平均值与标准差(a),变异系数(b),偏度(c),峰度(b)的关系
Fig. 3-8　Relationships between standard deviation (a), coefficients of variation (b),
skewness (c), kurtosis (d) and mean soil water content on bamboo forest hillslope

3.2.2　土壤水分分布空间结构

对茶园和竹林不同土层深度(10 cm 和 30 cm)的土壤水分数据进行了
单样本 K-S 分布检验,结果表明在 0.05 的显著性水平下土壤水分均服从
正态分布,可以直接进行地统计学分析,如图 3-9、图 3-10、图 3-11 和图
3-12 所示,半变异函数的特征参数随时间变化明显。

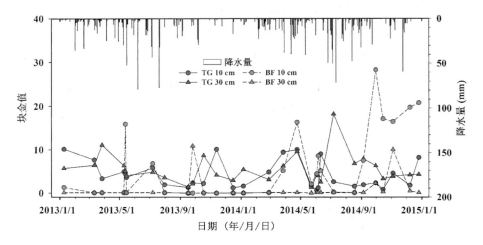

图 3 - 9　茶园(TG)和竹林(BF)不同深度(10 cm、30 cm)土壤水分块金值变化图

Fig. 3 - 9　Temporal changes of nugget for soil moisture at depths of 10 cm and 30 cm on the tea garden and bamboo forest hillslopes

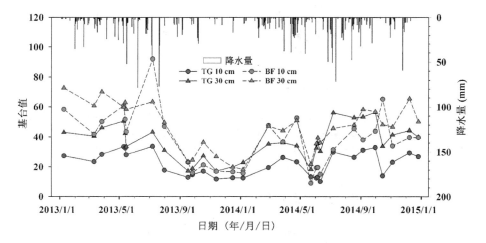

图 3 - 10　茶园(TG)和竹林(BF)不同深度(10 cm、30 cm)土壤水分基台值变化图

Fig. 3 - 10　Temporal changes of sill for soil moisture at depths of 10 cm and 30 cm on the tea garden and bamboo forest hillslopes

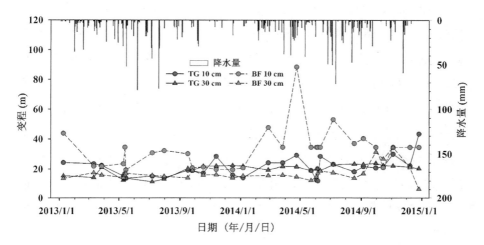

图 3‑11　茶园(TG)和竹林(BF)不同深度(10 cm、30 cm)土壤水分变程变化图
Fig. 3‑11　Temporal changes of range (correlation length) for soil moisture at depths
of 10 cm and 30 cm on the tea garden and bamboo forest hillslopes

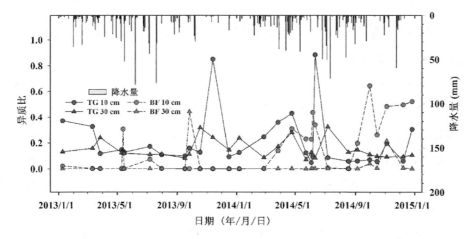

图 3‑12　茶园(TG)和竹林(BF)不同深度(10 cm、30 cm)土壤水分空间异质比变化图
Fig. 3‑12　Temporal changes of the nugget-sill ratio for soil moisture at depths of
10 cm and 30 cm on the tea garden and bamboo forest hillslopes

茶园 30 cm 深度的基台值(17.12~56.49)高于同期 10 cm 深度的基台值(10.20~33.66),表明 30 cm 深度土壤水分的空间总分异更大。茶园 30 cm深度块金值(1.32~18.20)明显高于 10 cm 深度的块金值(0.62~11.59),说明茶园 30 cm 深度土壤含水量空间分布的随机性比 10 cm 深度的强。茶园 10 cm 和 30 cm 深度的变程无显著差异,然而王少昆等(2008)的研究发现表层(10 cm)土壤水分含量的变程均小于亚表层(30 cm),这可能与用地类型差异有关。茶园 10 cm 深度所有时期的空间异质比平均值为 0.218,30 cm 深度的变化范围在 0.072~0.324 之间,平均值在 0.148,说明土壤水分具有很好的空间结构性。区分干湿时期来看,10 cm 深度干旱时期的基台值(13.56±2.19)明显小于湿润时期的基台值(27.21±5.15)($F_{1,27}=68.773$,$P<0.01$),同样,30 cm 深度的干旱时期的基台值(24.67±6.89)也明显小于湿润时期的基台值(43.52±7.69)($F_{1,27}=42.237$,$P<0.01$),表明茶园土壤水分的空间分布在湿润时期比干旱时期具有更大的空间变异。

竹林 30 cm 深度的基台值高于同期 10 cm 深度的基台值,表明 30 cm 深度的土壤水分的空间分异更大。竹林 10 cm 深度的土壤水分的块金值(0.01~28.28)大于同期 30 cm 深度(0.01~10.89),说明竹林 10 cm 深度的土壤含水量空间分布的随机性比 30 cm 深度的强。竹林 10 cm 深度的变程要高于 30 cm,并且 10 cm 深度的变程在 19.40 米以上,表明 10 cm 深度的水分的空间连续性要好于 30 cm 深度,30 cm 深度的变程绝大多数在 12.33 米以上,也说明采样利用 8 m 左右的间距满足了土壤水分空间结构分析的需要。竹林 10 cm 深度的空间异质比绝大多数采样日期(22 次)均在 0.75 以下,属于中等程度空间自相关,其中有 18 次在 0.25 以下,属于强的空间相关。与竹林 10 cm 深度相比,30 cm 深度的空间异质比明显较小,表明 30 cm 深度的土壤水分空间相关性更强,具有很好的空间结构性。从区分干湿时期来看,10 cm 深度干旱时期的基台值(20.03±9.69)明显小于湿润时期的基台值(48.51±14.24)。同样,30 cm 深度干旱时期的基台值(30.17±9.87)明显小于湿润时期的基台值(56.13±8.80)($F_{1,27}=54.154$, $P=0.000$),表明与干旱时期相比,湿润时期土壤水分空间变异更大。干湿时期的变程和块金值并没有表现出显著差异。

　　对比茶园和竹林的不同深度(10 cm、30 cm)地统计参数发现(图 3-13),竹林的块金值小于茶园,说明其竹林土壤水分空间分布的随机性比茶园弱;而竹林的基台值大于茶园,空间总变异大于茶园,这也与标准差的分析结果一致,之所以与变异系数(CV)的结论不一致,主要是因为CV 是标准差相对于平均值的比值,由于竹林土壤含水量明显高于茶园,而

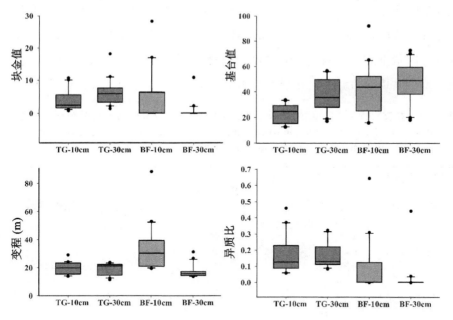

图 3-13　茶园(TG)与竹林(BF)不同深度(10 cm、30 cm)地统计参数对比
Fig. 3-13　Geostatistical parameters of soil moisture at depths of 10 cm and 30 cm on the tea garden and bamboo forest hillslopes

小范围内土壤含水量的空间差异偏小,造成竹林土壤含水量的 CV 值小于茶园。因此,用标准差来衡量竹林和茶园的土壤含水量的空间变异更合适。竹林和茶园的变程没有明显差异,竹林的空间异质比总体要小于茶园。

从土壤水分与地统计参数的关系来看(表 3-1):整个研究期茶园和竹林 10 cm 和 30 cm 深度的土壤平均含水量与基台值均具有明显的正相关,基台值越高,土壤水分空间变异越强,这与以往一些研究结果相符。例如Western 等(1998a)在 Tarrawarra 流域研究认为,块金值变化主要与平均土壤水分季节变化有关,并且成正相关关系。但也有一些研究认为,基台值大致随土壤水分的升高而降低(张继光等,2008)。造成这些研究结果存在差异的原因,可能是研究区特殊的自然要素差异以及取样的尺度、时间、深度等因素不同。茶园 10 cm 深度和竹林 10 cm、30 cm 深度的土壤含水量平均值与块金值并未存在明显的相关关系,仅有茶园 30 cm 深度的平均

表 3-1　茶园和竹林不同深度(10 cm、30 cm)土壤平均含水量与地统计参数相关系数
Tab.3-1　Pearson correlation coefficients between geostatistical parameters and mean soil water content at 10 cm and 30 cm depths on tea garden hillslope

用地类型及深度	干湿时期	块金值	基台值	空间异质比	变程
茶园 10 cm	研究期		**		
	干旱时期				**
	湿润时期				
茶园 30 cm	研究期	**	**		*
	干旱时期		**		
	湿润时期		*		**
竹林 10 cm	研究期	*	**		
	干旱时期		*		
	湿润时期				
竹林 30 cm	研究期	*	**		
	干旱时期		**		
	湿润时期				

相关系数:　　-0.8　　-0.6　　-0.4　　-0.2　　0　　0.2　　0.4　　0.6　　0.8

*显著性水平 0.05<P<0.1;**显著性水平 P<0.05。

含水量与块金值存在正相关。区分干湿时期来看,在湿润时期,茶园 30 cm 深度的土壤平均含水量与基台值存在明显的正相关,由于地形因子控制作用加强,增加了土壤水分的空间变异性。在干旱时期,茶园 10 cm 深度的土壤平均含水量与变程有明显的负相关,在湿润时期,30 cm 深度的土壤平均含水量与变程存在显著的正相关,而竹林并未发现这些关系。相关研究也发现:不同干湿时期,地统计的参数也存在差异,Western 等(1998)研究发现变异函数模型很好地反映了土壤水分的空间结构特性,在湿润时期基台值较高,变程较低。然而王军等(2000)在黄土丘陵小流域的研究发现基台值的季节(干湿时期)变化与平均土壤水分变化相反,块金值的季节变化变化并不明显,结论的差异可能与研究区的土地利用类型复杂程度和地下径流有关。

3.2.3　土壤水分分布空间格局

在不同用地类型土壤水分空间结构分析基础上,选取典型干旱时期(2013/09/26、2014/05/23)、湿润时期(2013/05/10、2014/09/05)为研究对象,采用普通克立格法对不同用地类型土壤水分空间分布进行制图和分析(图 3 - 14 和图 3 - 15)。

茶园土壤水分均呈不规则的斑块分布,土壤含水量值差别明显。在干旱和湿润时期,茶园土壤水分空间分布均呈现一致的分布规律,即以东北-西南方向线为界,界线以南的土壤含水量明显高于界线以北,其中土壤水分高值斑块多出现在研究区的南端和中部偏东北,低值斑块多出现在研究区的中部偏北端。从不同深度看,30 cm 深度的土壤水分的空间变异比10 cm 深度的空间变异大,与 10 cm 深度的土壤水分空间分布相比,茶园30 cm深度的土壤水分低值斑块、高值斑块分布的空间位置基本相似,

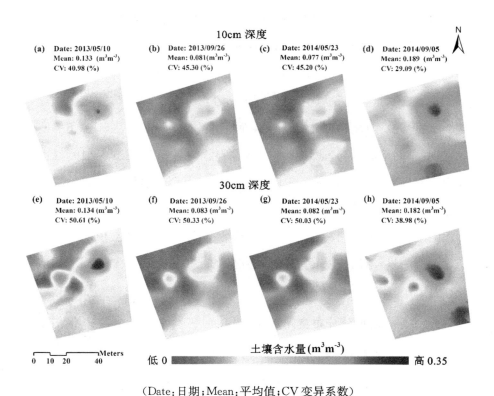

（Date：日期；Mean：平均值；CV 变异系数）
（干旱时期：2013/09/26、2014/05/23；湿润时期：2013/05/10,2014/09/05）
图 3‐14　茶园不同深度（10 cm、30 cm）土壤水分典型干旱、湿润时期空间分布图
**Fig. 3‐14　Maps of soil moisture in dry and wet periods at depths 10 cm and
30 cm on tea garden hillslopes by using ordinary kriging**

但斑块的大小明显不同。区分干湿时期来看,湿润时期的土壤水分的空间变异程度大于干旱时期,在湿润时期（2013/05/10、2014/09/05）,30 cm 深度的土壤水分极低值斑块（0.10 cm³ · cm⁻³ 左右）、极高值斑块（0.30 cm³ · cm⁻³ 左右）较 10 cm 深度多,而在干旱时期（2013/05/10、2014/09/05）,土壤水分具有较一致的空间分布格局,表明茶园蒸散发强烈,导致10 cm、30 cm 深度的土壤水分分布格局并无明显差别,但 30 cm 深度的土壤水分低值斑块略多于 10 cm 深度,表明 30 cm 深度的土壤含水量平均值仍然略高于 10 cm 深度。

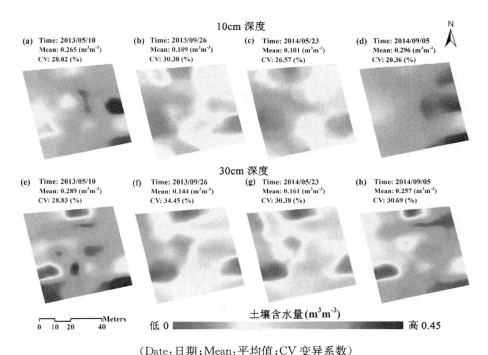

（Date:日期;Mean:平均值;CV 变异系数）

（干旱时期:2013/09/26、2014/05/23;湿润时期:2013/05/10,2014/09/05）

图 3 - 15　竹林不同深度(10 cm、30 cm)土壤水分典型干旱、湿润时期空间分布图

Fig. 3 - 15　Maps of soil moisture in dry and wet periods at the depths 10 cm and 30 cm on bamboo forest hillsslopes by using ordinary kriging

竹林土壤水分空间分布呈现"西低东高"的规律,研究区西边土壤水分含量低而东边土壤水分含量高,但不同深度(10 cm、30 cm)和干湿时期表现出明显差异。具体来看,湿润时期的土壤水分空间变异整体大于干旱时期的土壤水分空间变异,30 cm 深度的土壤水分空间变异大于 10 cm 深度的空间变异。在干旱时期(2013/09/26、2014/05/23),30 cm 深度的高值斑块区域较 10 cm 深度多,表明竹林 30 cm 深度的土壤水分含量略高于

10 cm深度,这与下层土壤受到地表蒸散发的影响较小有关;在湿润时期,30 cm深度的极低值斑块区域较10 cm深度多,这可能与表层土壤水分直接接受降雨补给有关。

对比分析茶园和竹林典型干旱时期(2013/09/26、2014/05/23)、湿润时期(2013/05/10、2014/09/05)土壤水分空间分布图(图3-14和图3-15),也发现竹林土壤含水量明显高于茶园。这可能是因为受地表覆盖的影响,尽管竹林根系吸水、降雨截留都强于茶园,但竹林土壤表面的较厚的凋落物层以及浓密的树冠等能有效降低地表的蒸散发,从而更好地涵养水源,使得水土保持能力增强。而茶园由于地表覆盖差,没有枯枝落叶和冠层的覆盖,太阳辐射较强,风速较快等原因,土壤蒸发比较快,从而导致其土壤水分含量低于竹林。

3.2.4 土壤水分时间稳定性

对茶园和竹林不同深度(10 cm、30 cm)在2013年1月至2014年12月的土壤水分手动监测数据进行时间稳定性特征分析,其中茶园10 cm和30 cm深度分别有39和37个监测样点,竹林10 cm和30 cm深度分别有38和36个监测样点。

茶园10 cm和30 cm深度的整个研究期、干旱时期和湿润时期的土壤水分相对差分(MRD)分析结果如图3-16、图3-17所示,监测样点的土壤水分相对差分主要分布在-0.5~0.5之间,相对差分的标准差(SDRD)则多数小于0.2。以茶园10 cm深度湿润时期为例,在39个监测样点中,35个监测样点的相对差分(MRD)位于-0.5~0.5之间,33个监测样点的相对差分的标准差(SDRD)小于0.2,说明它们的时间稳定性较好。在不同的深度和干湿时期,时间稳定性变化特征并不一致(图3-16、图3-17)。总体来看,17 号和 14 号监测样点在 10 cm、30 cm 深度均表现最湿润,4 号样点最为干燥。在整个研究期,10 cm 的 18 号和 32 号监测样点最为接近 10 cm深度的土壤水分平均值,9 号、10 号和 17 号监测样点最为不稳定;30 cm深度的 28 号、6 号和 35 号监测样点最为接近 30 cm 深度土壤平均水分值,39 号、23 号、17 号监测样点最为不稳定。区分干湿时期来看,最为湿润和

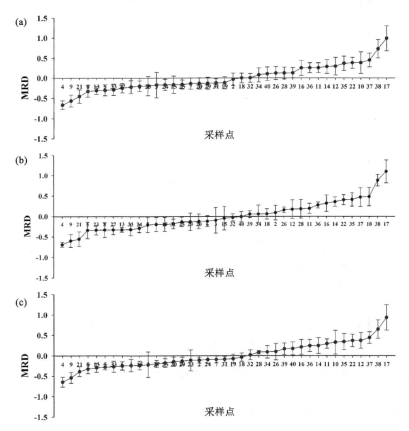

图 3 - 16　茶园 10 cm 深度不同时期土壤水分的相对差分(MRD)图
(a. 整个监测期,b. 干旱期,c. 湿润期)

Fig. 3 - 16　**Rank ordered mean relative differences (MRD) of soil water content at depths
10 cm on tea garden hillslopes during three specified periods**

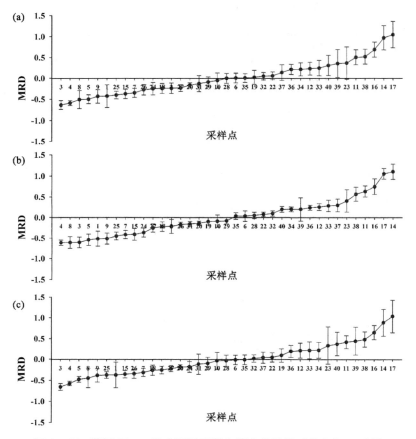

图 3 - 17　茶园 30 cm 深度不同时期土壤水分的相对差分(MRD)图
(a. 整个监测期, b. 干旱期, c. 湿润期)
Fig. 3 - 17　Rank ordered mean relative differences (MRD) of soil water content at depths
30 cm on tea garden hillslopes during three specified periods

干旱的监测样点基本没有变化。将土壤水分时间稳定性的分析结果进行普通克里格空间插值,时间稳定性空间分布如图 3 - 18 所示,这一结果与土壤水分分布空间格局部分结论一致:土壤水分较高的区域多出现在研究区的南端和中部偏东北,土壤水分较低的区域多出现在研究区的中部偏北端,干旱时期土壤水分低值斑块明显多于湿润时期,湿润时期土壤水分高值斑块明显多于干旱时期。

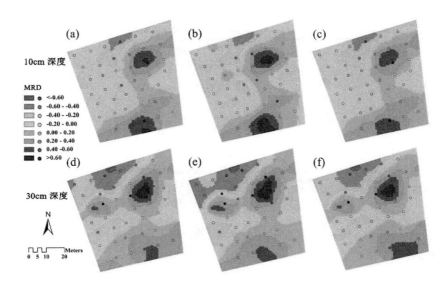

(a) 10 cm 深度整个研究期,(b)10 cm 深度干旱时期,(c) 10 cm 深度湿润时期
(d) 30 cm 深度整个研究期,(e) 30 cm 深度干旱时期,(f) 30 cm 深度湿润时期

图 3 - 18　茶园不同深度(10 cm、30 cm)土壤水分时间稳定性空间分布

Fig. 3 - 18　Soil moisture temporal stability at depths 10 cm and 30 cm for all monitoring sites on tea garden hillslopes during three specified periods

竹林 10 cm 和 30 cm 深度的整个研究期、干旱期和湿润期的土壤水分相对差分(MRD)也主要分布在−0.5～0.5 之间,土壤水分相对差分的标准差(SDRD)则多数小于 0.2(图 3 - 19、图 3 - 20)。以竹林 10 cm 深度的湿润期为例,在 38 个监测样点中,35 个监测样点的相对差分(MRD)位于−0.5～0.5之间,32 个样点的相对差分的标准差(SDRD)小于 0.2,说明它们的时间稳定性较好。总体来看,10 cm 深度的 59 号点最为干燥,64 号点表现最湿润(图 3 - 19);30 cm 深度 45 号最为干燥,45 号点表现最湿润。

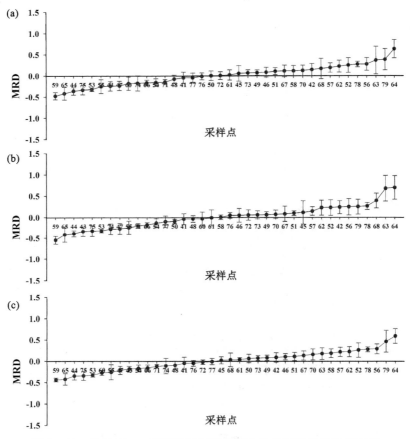

图 3‒19　竹林 10 cm 深度不同时期土壤水分的相对差分(MRD)图
(a. 整个监测期，b. 干旱期，c. 湿润期)

Fig. 3‒19　Rank ordered mean relative differences (MRD) of soil water content at the
depth of 10 cm on bamboo forest hillslopes during three specified periods

在整个研究期，10 cm 深度的 50 号和 72 号点最为接近 10 cm 深度的土壤
水分平均值，63 号和 68 号点最不稳定；30 cm 深度的 56 号和 71 号点最为
接近 30 cm 深度的土壤平均水分值，最不稳定的点与 10 cm 深度相同(图
3-20)。区分干湿时期来看，最为湿润和干燥的点基本没有变化。时间稳

定性空间分布与"3.2.3 土壤水分分布空间格局"部分结论一致,研究区西边土壤较为湿润,而东边土壤较高干燥(图 3 - 21)。

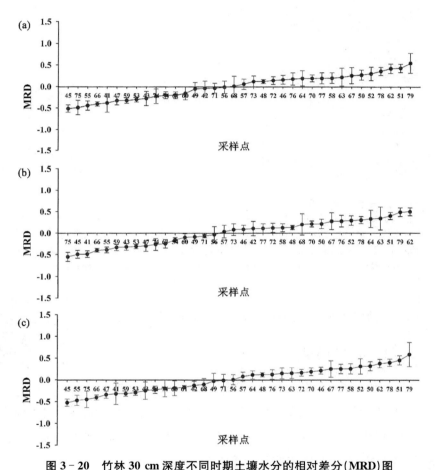

图 3 - 20　竹林 30 cm 深度不同时期土壤水分的相对差分(MRD)图
(a. 整个监测期,b. 干旱期,c. 湿润期)

Fig. 3 - 20　Rank ordered mean relative differences (MRD) of soil water content at the depth of 30 cm on bamboo forest hillslope during three specified periods

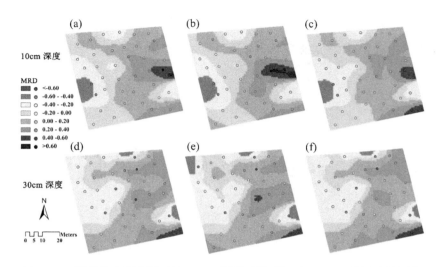

（a）10 cm 深度整个研究期,（b）10 cm 深度干旱时期,（c）10 cm 深度湿润时期
（d）30 cm 深度整个研究期,（e）30 cm 深度干旱时期,（f）30 cm 深度湿润时期
图 3 - 21 竹林不同深度(10 cm、30 cm)土壤水分时间稳定性空间分布
Fig. 3 - 21 Soil moisture temporal stability at depths of 10 cm and 30 cm for all monitoring sites on bamboo forest hillslopes during three specified periods

3.3 典型土地利用坡面土壤水分空间变异主控因子

3.3.1 主控因子识别

通过 Spearman 相关定性分析影响土壤水分空间变异的环境因素,分析表明不同用地类型土壤水分空间变异的影响因素明显不同,茶园主要受黏粒含量、高程和坡度等因素影响,竹林主要受土壤砂粒含量、粉粒含量、高程和坡度等因素影响,不同因素对土壤水分的影响在不同干湿时期和不同深度也在差异(图 3 - 22)。

茶园表层(10 cm)土壤水分空间变异与土壤黏粒含量、有机质含量、高程和坡度相关。在土壤湿润时期,土壤水分与高程的相关性从干旱时期的 $-0.357(P<0.10)$ 增加至 $-0.510(P<0.05)$,土壤水分与黏粒含量相关性

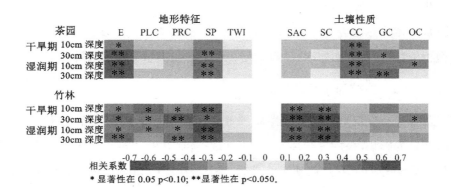

（E:高程；PLC:平面曲率；PRC:剖面曲率；SP:坡度 ；TWI:地形湿度指数；
SAC:砂粒含量；SC:粉粒含量；CC:黏粒含量；GC:砾石含量；OC:有机质含量）

图 3 - 22　茶园和竹林不同深度(10 cm、30 cm)土壤水分与地形和土壤性质的关系
Fig. 3 - 22　Spearman correlation coefficients between soil moisture and terrain attributes and soil properties at depths of 10 cm and 30 cm on tea garden and bamboo forest hillslopes

从干旱时期的 0.446(P<0.05)减小至 0.441(P<0.05)，坡度和有机质与土壤水分变异呈显著相关(图 3 - 22)。30 cm 深度与表层(10 cm)的影响因素基本相似，地形特征对土壤水分空间变异的影响增强，尤其在湿润时期这种影响进一步加强，这种发现也与 Grayson 等(1997)、Western 等(2004)的研究相似，Williams 等(2009)研究也表明土壤水分与地形特征在湿润时期关系强烈。

竹林表层(10 cm)土壤水分空间与土壤砂粒含量、粉粒含量、有机质含量和高程、平面曲率、剖面曲率、坡度相关，但是在不同干湿时期相关性却存在差异。在湿润时期，土壤水分与坡度的相关性从干旱时期的－0.505(P<0.05)增加至 －0.671(P<0.05)，土壤水分与砂粒、粉粒含量的相关性分别从干旱时期的－0.431(P<0.05)、0.525(P<0.05)增加至 －0.496(P<0.05)、0.565(P<0.05)，土壤水分与高程、剖面平面曲率的相关性也有所增加(图 3 - 22)。30 cm 深度与表层(10 cm)的影响因素基本相似，但有些因素与土壤水分关系增强，例如剖面曲率、高程、砂粒和粉粒含量，而

有些因素与土壤水分关系减弱,例如平面曲率、坡度。不同干湿时期,影响因素的相关性也会变化,与干旱时期相比,湿润时期的土壤水分与坡度、高程相关性增强,剖面曲率、砂粒和粉粒含量与土壤水分相关性降低。

3.3.2 主控因子贡献程度

为进一步定量分离土壤性质和地形特征对不同用地类型土壤水分空间变异的影响,采用逐步多元线性回归来预测分析茶园和竹林各环境因素与土壤水分的关系。从预测能力看,茶园表层(10 cm)土壤水分得到很好的预测(10 cm 深度:干旱时期 $R^2=0.411$,湿润时期 $R^2=0.493$;30 cm 深度:干旱时期 $R^2=0.327$,湿润时期 $R^2=0.294$)(表3-2)。而竹林 30 cm 深度的土壤水分的预测能力比表层(10 cm)高(10 cm 深度:干旱时期 $R^2=0.339$,湿润时期 $R^2=0.494$;30 cm:干旱时期 $R^2=0.436$,湿润时期 $R^2=0.511$)(表3-2)。

茶园土壤水分空间变异的影响因素主要为黏粒、高程、坡度和地形湿度指数,与干旱时期相比,在湿润时期地形特征解释百分比明显上升,并且随着深度的增加,地形特征的解释百分比也呈增加趋势。在干旱时期,黏粒和高程为茶园土壤水分的主要影响因素,此外地形湿度指数对 10 cm 深度的土壤水分也有显著影响。在湿润时期,10 cm 深度的土壤水分空间变异的影响因素为:黏粒含量(27.41%)、高程(17.56%)和地形湿度指数(4.34%),而在 30 cm 深度,高程(18.81%)为最主要影响因素。

竹林土壤水分空间变异的影响因素主要为地形特征的坡度、平面曲率、剖面曲率及土壤性质的砾石含量、粉粒含量。然而在不同深度和不同水分状态(干湿时期)下却存在差异,总体而言,坡度对竹林土壤水分的影响比粉粒更大,因为坡度能够解释更多的土壤水分空间变异。在干旱时期,竹林 10 cm 深度的土壤水分空间变异的影响因素为:坡度(解释贡献率19.49%)、砾石含量(8.43%)和平面曲率(5.99%)。而 30 cm 深度土壤水分空间变异的影响因素与 10 cm 深度存在差异,粉粒含量(38.48 ％)和平面曲率(5.15 ％)为主要的影响因素。在湿润时期,坡度对 10 cm 深度的土壤水分变异的解释贡献率进一步增强(41.50％),在 30 cm 深度,坡度也成为土壤水分变异的主要的影响因素(11.75％),而粉粒含量的解释贡献率有所下降。与干旱时期相比,地形特征在湿润时期解释贡献率上升,然而随着深度的增加,地形特征的解释百分比呈下降趋势。

表 3－2 茶园和竹林土壤水分空间变异的影响因子的逐步多元回归分析
Tab.3－2 Multiple stepwise regression analysis for influencing factors of soil moisture variations on tea garden and bamboo forest hillslopes

用地类型	深度及干旱时期	变量	系数	SE	t	显著性水平	解释百分比(％)
茶园	10 cm						
	干旱时期	常数项	6.197	2.923	2.12	0.041	
		黏粒	0.096	0.025	3.807	0.001	**26.96**
		高程	−0.091	0.034	−2.67	0.011	**8.24**
		地形湿度指数	0.071	0.038	1.865	0.071	**5.86**
		R²				0.411	
	湿润时期	常数项	7.5	2.311	3.245	0.003	
		黏粒	0.02	0.02	3.986	0	**27.41**
		高程	0.027	0.027	−3.842	0	**17.56**
		地形湿度指数	0.03	0.03	1.73	0.092	**4.34**
		R²				0.493	
	30 cm						
	干旱时期	常数项	6.615	3.657	1.809	0.079	
		黏粒	0.094	0.033	2.831	0.008	**22.45**
		高程	−0.095	0.042	−2.271	0.03	**10.21**
		R²				0.327	
	湿润时期	常数项	6.98	3.336	2.092	0.044	
		高程	−0.095	0.038	−2.485	0.018	**18.81**
		黏粒	0.068	0.03	2.254	0.031	**10.55**
		R²				0.294	

用地类型	深度及干旱时期	变量	系数	SE	t	显著性水平	解释百分比(%)
竹林	10 cm						
	干旱时期	常数项	0.523	0.172	3.036	0.005	
		坡度	−0.023	0.01	−2.3	0.028	**19.49**
		砾石含量	−0.008	0.004	−2.029	0.05	**8.43**
		平面曲率	−0.022	0.012	−1.755	0.088	**5.99**
		R²				0.339	
	湿润时期	常数项	0.297	0.069	4.316	0	
		坡度	−0.036	0.007	−4.883	0	**41.5**
		平面曲率	−0.022	0.009	−2.34	−2.34	**7.91**
		R²				0.494	
	30 cm						
	干旱时期	常数项	−2.871	0.665	−4.314	0	
		粉粒含量	0.037	0.009	4.306	0	**38.48**
		平面曲率	−0.023	0.013	−1.736	0.092	**5.15**
		R²				0.436	
	湿润时期	常数项	−1.427	0.723	−1.973	0.057	
		粉粒含量	0.022	0.009	2.417	0.022	**32.95**
		坡度	−0.027	0.01	−2.628	0.013	**11.75**
		剖面曲率	0.018	0.009	2.035	0.05	**6.33**
		R²				0.511	

不同用地类型的土壤水分空间变异的主控因素存在明显差异(图 3－23),茶园土壤水分空间变异主要受黏粒、高程、坡度和地形湿度指数等因素控制,而竹林则主要受地形特征的坡度和粉粒含量等因素控制。并且在同一用地类型,在不同干湿时期和不同深度,主控因素也存在差异。例如,在干旱时期,茶园 10 cm 深度土壤水分空间变异的主控因素是黏粒含量(26.96％)及高程(8.24％)和地形湿度指数(5.86％),而竹林则是坡度

（19.49％）和砾石含量（8.43％）等。茶园 30 cm 的影响因素与 10 cm 深度
的基本相同,但竹林 30 cm 深度的影响因素与 10 cm 深度存在差异,主要
是土壤性质的粉粒含量。在湿润时期,茶园 10 cm 深度的影响因素为黏粒
含量（27.41％）、高程（17.56％）和地形湿度指数（4.34％）,竹林 10 cm 深度
的影响因素为坡度,并且与干旱时期相比,解释贡献率更大（41.50％）。茶
园 30 cm 深度的影响因素是高程,竹林 30 cm 深度的影响因素是粉粒。总
体而言,与干旱时期相比,在湿润时期地形特征对土壤水分空间变异解释
能力更强,并且随着深度的增加,地形特征的解释百分比也呈增加趋势,这
也与前述相关分析结果相一致。

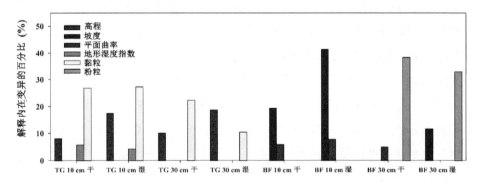

图 3 - 23　茶园（TG）与竹林（BF）不同深度（10 cm、30 cm）、干湿时期主控因素对比
Fig. 3 - 23　Comparison of main controlling factors of soil moisture variation at different depths
（10 cm and 30 cm） during dry and wet period on the tea garden and bamboo forest hillslopes

3.4　本章小结

　　本章主要利用手动土壤水分高空间分辨率监测数据,分析了太湖流域
丘陵典型土地利用类型（茶园和竹林）土壤水分的时空动态分布格局;基于
时间稳定性理论,结合坡面不同深度的粒径分布和有机质等土壤理化性
质,坡度、高程和地形湿度指数等地形因子,分析了不同干湿时期下坡面尺

度典型土地利用类型土壤水分空间分布的主要控制因素。本章的主要结论如下：

（1）茶园和竹林不同深度（10 cm、30 cm）土壤水分的平均值、标准差、变异系数等统计指标随时间变化明显，并且两种用地的变化特征基本相似，土壤含水量的时间变化是前期降雨量与土壤水分蒸发蒸腾交互作用的结果，表层（10 cm）的土壤水分更易受到的前期降雨的影响，茶园相关系数为 0.582（$P<0.01$），竹林相关系数为 0.566（$P<0.01$）。在 2013—2014 年整个采样期，茶园和竹林平均土壤含水量存在明显差异，竹林是茶园的1.67倍左右，而这种差异在干旱时期更为明显（干旱时期：1.88倍；湿润时期：1.57倍）。茶园和竹林的土壤水分的标准差和变异系数也存在显著差异，竹林的不同深度的标准差明显高于茶园，表明竹林的土壤水分空间变异更大。同时，茶园和竹林均表现出土壤水分含量平均值越大，标准差越大的规律，表明在湿润状态下，土壤水分的空间变异较大。

（2）土壤水分空间地统计分析显示，竹林的基台值大于茶园，表明竹林土壤水分的空间总变异较大；竹林块金值小于茶园，说明竹林土壤水分空间分布的随机性比茶园的弱；竹林的空间异质比总体要小于茶园，表明竹林的空间自相关性要强于茶园，茶园土壤水分属于中等空间相关，竹林土壤水分属于强空间相关，引起土壤水分空间变异的主要是土壤母质和地形等结构性因素。茶园和竹林不同深度（10 cm 和 30 cm）的基台值与平均土壤含水量具有明显的正相关关系，即基台值越高，土壤水分空间变异越强。说明坡面尺度土壤水分空间变异不仅受环境因子的影响，还与其土壤水分状况有很大关系。

（3）对比分析典型干湿时期的茶园和竹林土壤水分空间分布格局，发现竹林土壤水分含量明显高于茶园。尽管竹林的根系吸水、降雨截留都强于茶园，但竹林土壤表面较厚的凋落物层以及浓密的树冠等能有效降低地表的蒸散发，从而更好地涵养水源，水土保持能力较强。而茶园由于地表覆盖差,没有枯枝落叶和冠层的覆盖,太阳辐射较强,风速较快等原因,土壤蒸发比较快,从而导致其土壤水分含量低于竹林。

(4)基于时间稳定性分析,采用 Spearman 秩相关、逐步多元线性回归研究茶园和竹林土壤水分空间变异的影响因素。结果显示茶园和竹林的土壤水分空间变异的影响因素存在显著差异,茶园土壤水分空间变异主要受黏粒、高程、坡度和地形湿度指数等因素控制,而竹林则主要受坡度和粉粒含量等因素控制。此外研究还发现,对于同一用地类型,在不同干湿时期和不同深度土壤水分主控因素也存在较大差异。在湿润时期,地形特征对土壤水分空间变异控制明显上升,并且随着深度的增加呈增加趋势。以上研究表明,研究区土壤水分时空变异主要受土地利用、地形和土壤的多重影响,对深刻认识太湖流域丘陵区土壤水分循环及营养盐输移具有重要意义。

第4章 典型土地利用坡面土壤水分运动分布模拟

4.1 典型土地利用坡面二维土壤水分运动模拟

4.1.1 坡面二维土壤水分运动模型构建

4.1.1.1 研究坡面和模拟设计

为了准确模拟茶园和竹林坡面土壤水分运动,分别根据茶园和竹林的地形特征抽象获得二维坡面(图4-1),为了对模拟结果进行验证,分别选取位于茶园坡面坡位上部的10号和坡位下部的40号及竹林坡面坡位上部

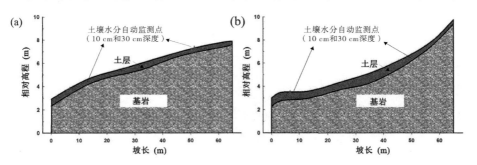

图4-1 茶园(a)与竹林(b)二维坡面示意图

Fig. 4-1 2D sketch map of the tea garden (a) and bamboo forest hillslopes (b)

的 53 号和坡位下部 79 号土壤水分自动监测样点作为验证点(图 4 - 1)。根据实地挖掘土壤剖面的情况,将茶园和林地的土壤分为两层:A 层(0～20 cm)和 B 层(>20 cm)。在 A 层的 10 cm 和 B 层的 30 cm 深度处安装土壤水分自动监测系统,采集高时间分辨率的土壤水分动态数据。同时采集了每个样点不同土层的土壤样品,进行了土壤质地测试,供构建二维土壤水分运动模型时使用。

本研究采用 HYDRUS - 2D 模型(Šimůnek *et al.*,1999)来模拟坡面土壤水文过程,具体的模拟流程如图 4 - 2 所示。HYDRUS 是基于 Windows 环境,分析孔隙介质中水流和溶质运移的模拟软件。模型具有灵活方便的操作界面,能很好地模拟土壤水流、热量和溶质运移,深受各国学者推崇,广泛用于生态环境科学问题的研究中(Šim ůnek J *et al.*,2002;Doltra *et al.*,2010;Ladu *et al.*,2010;Li *et al.*,2011)。

4.1.1.2　土壤水分运动数学模型与参数确定

HYDRUS - 2D 模型(Šimůnek *et al.*,1999)采用二维 Richards 方程来模拟坡面水文过程。二维 Richards 方程为:

$$\frac{\partial \theta}{\partial t} = \frac{\partial}{\partial x}\left(K\frac{\partial h}{\partial x}\right) + \frac{\partial}{\partial z}\left(K\frac{\partial h}{\partial z}\right) + \frac{\partial K}{\partial z} - S \qquad (4-1)$$

式中:θ 为土壤体积含水量($cm^3 \cdot cm^{-3}$),h 为压力水头(cm),x 和 z 是水平和垂直距离(cm),t 为时间(d),K 为土壤非饱和导水率($cm \cdot d^{-1}$),S 为耗水速率,取该处作物根系吸水率($cm^3 \cdot cm^{-3} \cdot d^{-1}$)。

土壤水分运动数学模型建立后,需要根据实际情况确定土壤水力性质参数、初边值条件、潜在蒸散发、根系吸水率等模型参数(王舟,2014)。

(1)土壤水力性质参数

描述土壤水力学特性的参数包括土壤水分特征曲线 $\theta(h)$ 和非饱和导水率 K。本研究采用广泛应用的 van Genuchten-Mualem 模型(Mualem,

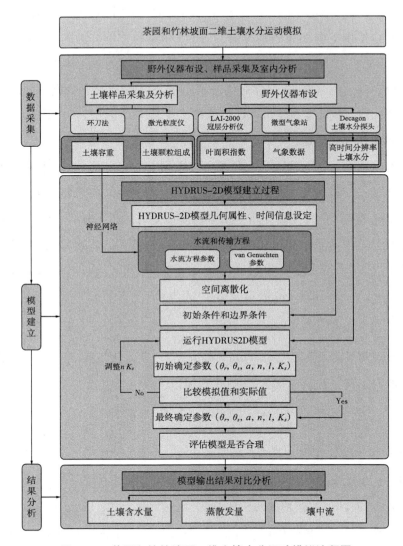

图 4 - 2 茶园和竹林坡面二维土壤水分运动模拟流程图
Fig. 4 - 2 Simulation flow chart of 2D dynamic patterns of soil moisture on tea garden and bamboo forest hillslopes

1976；van Genuchten，1980）：其解析表达式如下：

$$\theta(h) = \theta_r + \frac{\theta_s - \theta_r}{[1 + (\alpha h)^n]^{1 - 1/n}} \qquad (4-2)$$

$$K(\theta) = K_s \left(\frac{\theta - \theta_r}{\theta_s - \theta_r}\right)^l \left\{1 - \left[1 - \left(\frac{\theta - \theta_r}{\theta_s - \theta_r}\right)^{n/(n-1)}\right]^{1 - 1/n}\right\}^2 \qquad (4-3)$$

式中: θ_r 为残余体积含水量（cm^3 · cm^{-3}）, θ_s 饱和含水量（cm^3 · cm^{-3}）, α(cm^{-1}), n 和 l 是曲线形状参数, K_s 是饱和导水率（cm · d^{-1}）。

参数 $\theta_r, \theta_s, \alpha$ 和 n 可根据土壤基本理化性质数据（如黏粒、粉粒、砂粒含量等）, 在 HYDRUS 软件中采用基于神经网络的土壤转换函数（PTFs）方法间接获取（Schaap *et al.*, 1998; Liao *et al.*, 2014b）, 然后采用高时间分辨率的土壤水分实时监测数据对其进行校正, 调节得到各层最适宜的土壤水力参数。

（2）初始条件和边界条件

为了求解 Richards 方程, 初始条件和边界条件需要定义。在 HYDRUS - 2D 模型中, 模型的初始边界条件可以是初始时刻的含水量或者初始时刻的压力水头值, 初始条件无法精确测量获得。本研究假设初始土壤含水量在坡面上均匀分布, 茶园等于 0.1 cm^3 · cm^{-3}, 竹林 0.25 cm^3 · cm^{-3}, 通过一定时期的模型"预热", 逐渐减小初始条件对壤中流模拟的影响。

坡面边界条件设置: 上边界设置成大气边界; 坡顶位于分水岭处, 与外界无水量交换, 故设置为零通量边界; 坡脚边界设置为自由排水边界。研究区母岩为石英砂岩、泥质页岩等沉积岩, 沉积岩的孔隙度较大, 岩石透水性强, 在实地挖掘土壤剖面的时候也发现母岩的裂隙很多, 因此坡面下边界设置为自由排水边界（图 4 - 3）。

（3）潜在蒸散发

HYDRUS - 2D 模型需要将大气边界中的蒸散发作用细分为潜在蒸发量与潜在蒸腾量。由于该模型缺少对应的植被生长模块, 不能够自动划分

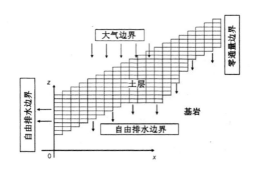

图 4 - 3　二维坡面土壤水分运动模型的边界条件(据 Lan *et al.*, 2013 改绘)
Fig. 4 - 3　Schematic map of boundary conditions for 2D hillslope hydrologic model

潜在蒸发速率与潜在蒸腾速率,因此利用联合国粮农组织 FAO 研究推荐的通过作物系统法和叶面积指数法进行计算划分。首先利用实地气象资料计算 ET_p,然后采用叶面积指数法对潜在蒸发量中的潜在土面蒸发量 E_p 和潜在蒸腾量 T_p 进行划分(王舟,2014)。

　　潜在蒸散量 ET_p 是一种假想的参照作物冠层的蒸散速率。参照作物定义为生长一致,水分充足,作物高度 12 cm,固定的叶面阻力为 70 s/m,反射率为 0.23,完全覆盖地面的绿色草地。关于 ET_p 的计算方法,在 HYDRUS - 2D 模型提供了两种,即联合国粮农组织(FAO)推荐的 Penman-Monteith 公式(Monteith,1981)和 Hargreaves 公式(Hargreaves & Samni,1985)。前者需要较多的气象参数(廖凯华,2009),而 Hargreaves 公式由于其对资料要求低(只需要气温和太阳辐射数据)且精度较好,成为计算 ET_p 的有效替代方法。Hargreaves 公式的表达式如下:

$$ET_p = 0.000\,939 R_a (T + 17.8) \sqrt{T_{max} - T_{min}} \qquad (4 - 4)$$

式中: ET_p 为作物潜在蒸散量,mm · d^{-1}; R_a 为外空辐射,MJ · m^{-2} · d^{-1}; T 是日平均气温,℃,数值上等于日最高和最低气温的平均值; T_{max} 和 T_{min} 分别为日最高和最低气温。R_a 为地理纬度 φ 的函数:

$$R_a = \frac{1\,440}{\pi} G_{sc} d_r [W_s \sin(\varphi)\sin(\delta) + \cos(\varphi)\cos(\delta)\sin(W_s)] \quad (4-5)$$

其中：

$$d_r = 1 + 0.033\cos(2\pi J/365) \quad\quad (4-6)$$

$$W_s = \arccos[-\tan(\varphi)\tan(\delta)] \quad\quad (4-7)$$

$$\delta = 0.409\sin(2\pi J/365 - 1.39) \quad\quad (4-8)$$

式中：G_{sc} 为太阳常数 0.082；d_r 为日地相对距离的倒数；W_s 为日照时数角；δ 为日倾角；J 为日序数，即 1 月 1 日时该值为 1，此后逐日累加。

潜在蒸发率（E_p）和潜在蒸腾率（T_p）（Ritchie，1972）定义：

$$\begin{cases} T_p = (1 - e^{-k \cdot LAI})ET_p \\ E_p = ET_p - T_p \end{cases} \quad\quad (4-9)$$

式中，ET_p 为潜在蒸散量，k 为消光系数，根据以往研究，茶园和竹林 k 值分别设为 0.52 和 0.58，LAI 为叶面积指数，LAI 采用 LAI-2000 冠层分析仪获得。

（4）作物根系吸水模型

HYDRUS-2D 模型提供了 Feddes(1978)和 van Genuchten(1987)两个典型的经验性根系吸水模型。本书采用 van Genuchten 根系吸水模型（van Genuchten，1987），表达式为：

$$S(h) = \alpha(h, \pi)b(x, z)T_p \quad\quad (4-10)$$

$$\alpha(h, \pi) = \frac{1}{1 + \left(\dfrac{h + \pi}{h_{50}}\right)^p} \quad\quad (4-11)$$

式中：$\alpha(h, \pi)$ 为土壤水分胁迫函数；$b(x, z)$ 为根系吸水率分布函数；T_p 为潜在蒸腾率；π 是土壤溶质势，与根层中溶质浓度有关，当不考虑土壤盐分作用时该值为 0；h 是土壤基质势；p 是经验常数，对绝大多数植被而言该值为 3；h_{50} 是植被潜在蒸腾率减少 50％时相应的土壤基质势，该值与作物生理特性相关,该值越大,作物耐旱吸水能越强(廖凯华,2009),茶园和竹林该值分别为-600 kPa 和-80 kPa(Liao et $al.$,2014a)。$b(x,z)$的求解需要用到根长密度,本研究采用洗根法测定茶园和林地每 10 cm 土壤深度内的相应值,分别采用线性递减和指数递减模型进行拟合,精度较好(茶园:$R^2=0.84$;林地:$R^2=0.93$)。在本研究中,模拟期内不考虑根系生长,结合野外调查和文献查阅,茶园最大根深为 60 cm,而林地为 90 cm。

4.1.1.3 模型精度评价

本书分别采用 Nash-Sutcliffe 效率系数(NSE)(Nash & Sutcliffe,1970)和均方根误差(RMSE)来定量评价所构建的土壤水分运动模型精度:

$$NSE = 1 - \frac{\sum\limits_{i=1}^{n} (Y_i^{obs} - Y_i^{sim})^2}{\sum\limits_{i=1}^{n} (Y_i^{obs} - Y^{mean})^2} \qquad (4-12)$$

$$RMSE = \sqrt{\frac{1}{n} \sum\limits_{i=1}^{n} (\theta_i^{obs} - \theta_i^{sim})^2} \qquad (4-13)$$

式中:Y_i^{obs}为第 i 个观测值;Y_i^{sim}为第 i 个模拟值;Y^{mean}为观测值的平均值;n是观测值的个数。NSE 值在 0~1 之间表明模型精度在可接受的水平,$RMSE$ 值越小,说明模型的精度越高。

4.1.2 茶园坡面土壤水分运动模拟及验证

利用 HYDRUS - 2D 模型模拟茶园坡面土壤水分运动过程,模拟了2013 年 1 月 1 日至 2014 年 8 月 23 日共计 600 天的土壤水分运动。将前280 天作为训练期(2013 年 1 月 1 日—10 月 7 日),通过实测值调节坡面各层的土壤水力性质参数,将后 320 天(2013 年 10 月 8 日—2014 年 8 月 23 日)用以检验模型的可靠性。为了研究初始条件对坡面壤中流的影响及训练期和验证期划分的可靠性,分别设置初始坡面含水量为 0.05 cm³ • cm⁻³、0.10 cm³ • cm⁻³ 和0.20 cm³ • cm⁻³ 来模拟坡面壤中流(图 4 - 4)。模拟发

现,3 种初始坡面含水量条件的壤中流仅在前 100 天存在差异,表明选用
280 天作为预热期可以消除初始条件对模拟的影响。

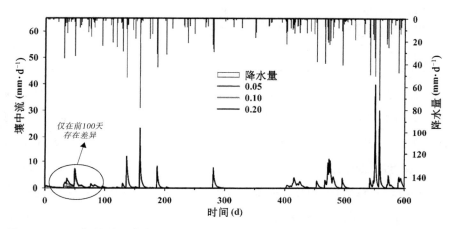

图 4-4　不同初始坡面含水量(0.05 cm³·cm⁻³、0.10 cm³·cm⁻³ 和 0.20 cm³·cm⁻³)
对茶园坡面壤中流模拟的影响

Fig. 4-4　Influence of different initial soil moisture conditions (0.05 cm³·cm⁻³,0.10 cm³·cm⁻³
and 0.20 cm³·cm⁻³) on tea garden hillslope subsurface flow simulation

在模拟时期内逐日输入通过上界面的通量值,包括降水量(图 4-4)和
蒸散量。通过前期对茶园坡面上下层的土壤质地测试发现,茶园上(10 cm
深度)下(30 cm 深度)层存在差异,因此在模型概化过程中将整个坡面土层
分为两层,两层的水力特征参数的初始值在 HYDRUS 软件中采用基于神
经网络的土壤水分转换模型(PTFs)方法间接获取(Schaap *et al.*,1998),
然后根据高时间分辨率土壤水分监测数据,利用 HYDRUS-2D 中的逆解
模块"inverse option"对土壤水力性质参数进行率定(表 4-1)。校正后 A
(10 cm 深度)层的参数 $\theta_r,\theta_s,\alpha,n,K_s$ 和 l 分别是 0.026 cm³·cm⁻³,
0.318 cm³·cm⁻³,0.010 7 cm⁻¹,1.351,55.87 cm·d⁻¹ 和 0.279 ;B 层
(30 cm 深度)的参数 $\theta_r,\theta_s,\alpha,n,K_s$ 和 l 分别是 0.006 cm³·cm⁻³,
0.470 cm³·cm⁻³,0.001 4 cm⁻¹,1.495,77.52 cm·d⁻¹ 和 1.000。

表 4 - 1　茶园土壤水分特征参数估值

Tab. 4 - 1　Calibrated soil hydraulic parameters for tea garden hillslope

深度 (cm)	θ_r $(cm^3 \cdot cm^{-3})$	θ_s $(cm^3 \cdot cm^{-3})$	α $(1 \cdot cm^{-1})$	n	K_s $(cm \cdot d^{-1})$	l
10	0.026	0.318	0.010 7	1.351	55.87	0.279
30	0.006	0.470	0.001 4	1.495	77.52	1.000

通过茶园坡面坡顶、坡脚两个位置不同深度(10 cm、30 cm)的高时间分辨率的土壤水分监测数据来验证模型的精度。从图 4 - 5 看出,运用 HYDRUS - 2D 能很好地模拟坡面土壤水分的运动。坡顶位置 10 cm、30 cm深度的 RMSE 分别是 0.023 $cm^3 \cdot cm^{-3}$、0.039 $cm^3 \cdot cm^{-3}$,坡脚位置 10 cm、30 cm 深度的 RMSE 分别是 0.024 $cm^3 \cdot cm^{-3}$、0.045 $cm^3 \cdot cm^{-3}$。坡顶位置 10 cm、30 cm深度的 NSE 分别是 0.612 和 0.573,坡脚位置 10 cm、30 cm 深度的 NSE 分别是 0.681 和 0.654。与下层(30 cm 深度)相比,表层(10 cm 深度)土壤含水量的模拟精度较高,这可能是由于表层易受到降雨、灌溉、蒸发等上界面的通量值因素的影响,因此表层土壤水分模拟精度高;下层(30 cm 深度)土壤水分模拟精度略低,这可能是因为优先流的影响,导致下层的土壤水分更难预测。同时也发现,在较湿润时期,下层土壤水分明显要高于上层土壤水分,这可能与侧向壤中流补给有关。

4.1.3　竹林坡面土壤水分运动模拟及验证

利用 HYDRUS - 2D 模型模拟竹林坡面土壤水分运动过程的步骤与茶园相同。图 4 - 6 显示,用初始坡面含水量 0.15 $cm^3 \cdot cm^{-3}$、0.20 $cm^3 \cdot cm^{-3}$ 和 0.25 $cm^3 \cdot cm^{-3}$ 来模拟坡面壤中流,仅在前 100 天左右模拟的壤中流存在差异。校正后 A(10 cm 深度)层的参数 $\theta_r,\theta_s,\alpha,n,K_s$ 和 l 分别是 0.144 $cm^3 \cdot cm^{-3}$,0.475 $cm^3 \cdot cm^{-3}$,0.019 5 cm^{-1},1.507,56.36 cm $\cdot$ d^{-1} 和 0.123 8;B层(30 cm深度)的参数 $\theta_r,\theta_s,\alpha,n,K_s$ 和 l 分别是 0.118 $cm^3 \cdot cm^{-3}$,0.487 $cm^3 \cdot cm^{-3}$,0.027 6 cm^{-1},1.351,12.18 cm $\cdot$ d^{-1} 和 0.119 1(表 4 - 2)。

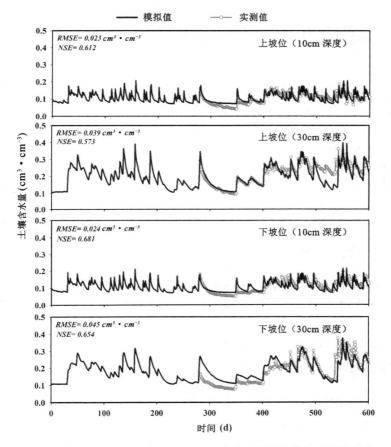

图 4 - 5　茶园坡面不同位置不同深度土壤含水量模拟值与实测值对比

Fig. 4 - 5　Observed and simulated soil moisture contents for each depth at two slope positions (upper and lower zones) on tea garden hillslope

表 4 - 2　竹林土壤水分特征参数估值

Tab. 4 - 2　Calibrated soil hydraulic parameters for bamboo forest hillslope

深度(cm)	θ_r(cm³·cm⁻³)	θ_s(cm³·cm⁻³)	α(1·cm⁻¹)	n	K_s(cm·d⁻¹)	l
10	0.144	0.475	0.019 5	1.507	56.36	0.123 8
30	0.118	0.487	0.027 6	1.351	12.18	0.119 1

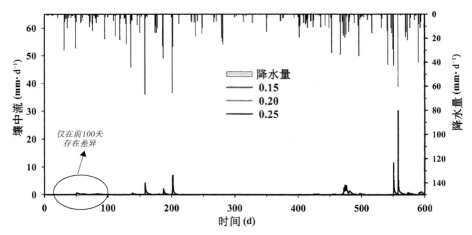

图 4 - 6 不同初始坡面含水量(0.15 cm³·cm⁻³、0.20 cm³·cm⁻³ 和 0.25 cm³·cm⁻³)
对竹林坡面壤中流模拟的影响

Fig. 4 - 6 Influence of different initial soil moisture conditions (0.15 cm³·cm⁻³, 0.20 cm³·cm⁻³
and 0.25 cm³·cm⁻³) on bamboo forest hillslope subsurface flow simulation

利用竹林坡面的高时间分辨率的土壤水分监测数据来验证模型精度的结果如图 4 - 7 所示,HYDRUS - 2D 也很好地模拟了竹林坡面土壤水分的运动。竹林坡顶位置 10 cm、30 cm 深度的 RMSE 分别是 0.049 cm³·cm⁻³、0.043 cm³·cm⁻³,坡脚位置 10 cm、30 cm 深度的 RMSE 分别是 0.054 cm³·cm⁻³、0.068 cm³·cm⁻³。坡顶位置 10 cm、30 cm 深度的 NSE 分别是 0.629 和 0.602,坡脚位置 10 cm、30 cm 深度的 NSE 分别是 0.647 和 0.502。与茶园相似,竹林表层易受到降雨、蒸发等上边界通量的影响,表层土壤含水量更易于模拟,因此模拟精度略高于下层(30 cm 深度)。

4.1.4 典型土地利用坡面土壤水分运动特征

根据上述 HYDRUS - 2D 模型模拟茶园和竹林土壤水分运动发现,模型较为可靠,并且不同初始坡面含水量仅在建模期的前 100 天左右对壤中流产生影响,在建模期选用的 280 天可以消除初始条件对模拟的影响。因

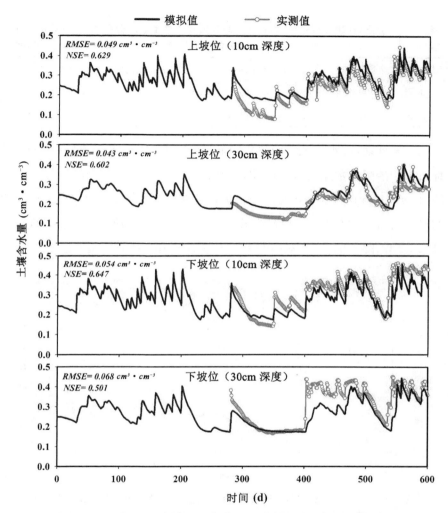

图 4‑7　竹林坡面不同位置不同深度土壤含水量模拟值与实测值对比
Fig. 4‑7　Observed and simulated soil moisture contents for each
depth at two slope positions（upper and lower zones）on bamboo forest hillslope

此,选用验证期的 320 天(2013 年 10 月 8 日—2014 年 8 月 23 日)来对比典型土地利用的土壤水分运动特征。验证期的 320 天内典型土地利用土壤水平衡各项模拟结果如表 4‑3 所示。

表 4 - 3 验证期(2013/10/8—2014/8/23)茶园和竹林土壤水分平衡结构(单位:mm)
Tab. 4 - 3 Water balance elements of tea garden hillslope and bamboo forest hillslope

用地类型	降水量	地表径流	根系吸水	土壤蒸发	腾发量	壤中流	蓄水变化
茶园	1 066.01	0.00	470.86	198.40	669.26	359.61	37.14
竹林	848.13	0.00	549.23	195.86	745.09	65.35	37.69

在验证期,降水量随时间变化明显,6—8月份降水量大(图 4 - 8)。竹林所采用的降水数据为林内降水,竹林的降水量(848.13 mm)明显小于茶园(1 066.01 mm),这主要是由于植被冠层截留的影响,植被冠层截留量在20%左右,Li 等(2014)在太湖流域平原区也得出了相似的结论,发现由于林地冠层对降雨的截留,林内有效降雨量显著小于其他土地类型。

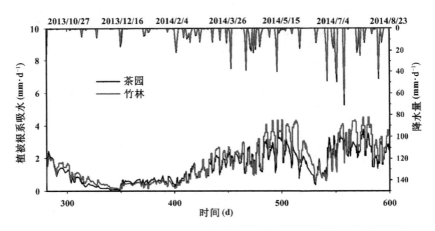

图 4 - 8 验证期(2013/10/8—2014/8/23)茶园和竹林植被根系吸水量变化
Fig. 4 - 8 Actual root water uptake on the tea garden and bamboo
forest hillslopes from October 8,2013 to August 23,2014

蒸散发量(ET)由植物蒸腾量(根系吸水)与土壤蒸发量两部分组成。在整个验证期,植物蒸腾量和土壤蒸发量在春季和夏季表现最为强烈,并在降水事件后,出现明显增强的趋势。从不同用地类型的差异来看,竹林的腾发量(745.09 mm)明显大于茶园(669.26 mm),这主要是由于竹林的根系吸水量(549.23 mm)大于茶园(470.86 mm)(表 4 - 3、图 4 - 8),而茶园的累积土壤蒸发量(198.40 mm)略大于竹林(195.86 mm)(表 4 - 3、图 4 - 9)。竹林根系分布较深(0～70 cm 深度),有时深达 1 m,根量也较多(骆仁祥等,2009),而茶树根系主要分布在土壤层 10～30 cm 深度,根量相对竹林较少,因此,竹林的累积根系吸水量大于茶园,而在冬季(12 月份—次年 2 月份),竹林的日根系吸水量略小于茶园,这可能与竹林在冬季处于非生长季有关(陈红等,2013)。茶园的累积土壤蒸发量略大于竹林的土壤蒸发量,这主要是因为茶园叶面积指数较小,土壤直接接触阳光的面积较大,造成土壤蒸发强烈,而竹林的叶面积指数较大,竹叶密度较高,削弱了太阳辐射,到达地面的太阳辐射量小,气温较低,土壤蒸发量偏小(李永芳,2013)。此外,对比分析茶园和竹林土壤蒸发量的日变化,茶园的波动性更强,表明茶园的土壤蒸发更易受到降雨事件、温度的影响,而竹林具有明显枯枝落叶层,使得土壤蒸发比较稳定。

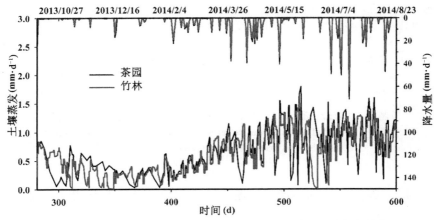

图 4 - 9　验证期(2013/10/8—2014/8/23)茶园和竹林土壤蒸发量变化
Fig. 4 - 9　Evaporation variations for the tea garden and bamboo forest hillslopes from October 8,2013 to August 23,2014

壤中流的变化与降水量存在着紧密的联系,虽与降水事件发生在时间上存在滞后特性,但茶园和竹林的壤中流流量具有随降水量增加而升高的趋势。在 4 月份和 7 月份前后,降水事件较多,壤中流流量也较大;在冬季的 12 月份前后(图 4-10),虽然也有降水事件发生,但并未出现壤中流,这主要是因为该阶段降雨强度较小,并且冬季坡面土壤初始含水量较低,土壤水分处于亏缺的状态。从累积壤中流流量来看,茶园的壤中流流量(359.61 mm)明显大于竹林(65.35 mm),此外,茶园的壤中流流量变化幅度比竹林大,且对降水事件的反应也较为迅速,表明竹林的土壤涵养水源能力强,而茶园土壤对水分涵养和利用能力较低。这可能是因为茶园耕作措施(行间沟)使得土壤孔隙度增大,从而增强了土壤的透水性。

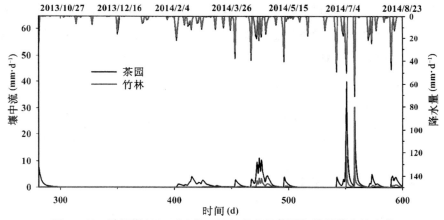

图 4-10 验证期(2013/10/8—2014/8/23)茶园和竹林壤中流变化
Fig. 4-10 Subsurface flow variations for the tea garden and bamboo forest hillslopes from October 8, 2013 to August 23, 2014

4.2 典型土地利用坡面土壤水分空间分布高时空分辨率模拟

4.2.1 坡面土壤水分空间分布高时空分辨率模型构建

4.2.1.1 理论基础

很多研究表明,土壤水分在坡面上的空间分布并不是纯随机的,而是遵循一定的规律,这种规律建立在土壤水分时间稳定性的基础之上(Vachaud *et al.*,1985;Kachanoski,1988;Pelt & WieRenga,2001)。1985 年,Vachaud 等首次提出"时间稳定性"概念:土壤水分在空间上的变化特性可以用土壤结构的变化特性来解释,如果空间上的某个点在某一时刻的含水量很高,那么它就有很大的可能在另一时间也保持着很高的含水量(周启友和岛田纯,2003)。

根据"时间稳定性"理论,土壤水分的分布格局在不同的时间具有高度的相似性(Vachaud *et al.*,1985),相同研究区内不同监测样点土壤含水量之间也应该具有较强的相关性。基于这种相关性,可监测少数样点,然后采用数理统计方法建立这些点与其余样点土壤含水量之间的某种关系,从而对它们进行预测。此外,"时间稳定性"理论也通常用于预测区域平均含水量以及验证降尺度遥感数据(Cosh *et al.*,2004;Loew *et al.*,2008;Heathman *et al.*,2012)。据"3.2.4 土壤水分时间稳定性"的研究表明,不同土壤水分采样点之间确实存在线性或非线性关系,那么在没有手动监测数据的时间段,可采用统计方法构建自动(样点少、高时间分辨率)与手动监测(样点多、高空间覆盖率)数据之间的定量关系,预测手动监测样点的土壤水分数据,获得高时空分辨率的土壤水分变化信息。

4.2.1.2　数据基础

数据来源主要包括手动坡面高空间分辨率土壤水分监测数据和点位自动高时间分辨率监测数据两部分。具体的样点布设在"2.2.1 监测样点设置"中有详细描述,其中茶园 39 个监测样点,竹林 38 个,但某些样点有浅层基岩存在,因此茶园有 37 个样点可以测定 30 cm 深度的土壤水分,竹林有 36 个。坡面高空间分辨率手动监测土壤水分数据所选用的时间段为 2013 年 9 月 26 日至 2015 年 7 月 2 日,共 25 次(平均每月 1~2 次),其中茶园数据的采集时段为上午 10:00—12:00,竹林采集时段为下午 13:00—15:00。

选取同期的点位高时间分辨率自动监测数据 25 次,考虑到该数据的频率为 5 分钟/次,因此自动监测的数据取 10:00—15:00 时段的平均值。

为了保证建模数据和验证数据分组的科学性和代表性,先对数据进行干湿时期划分,然后进行分组随机抽样。首先,依据本书"3.1.1 土壤水分干湿时期划分"的方法,将 25 个采样数据划分成干旱和湿润时期两类,其中干旱时期 9 个,湿润时期 16 个。然后,在干旱时期类随其抽取 6 个用来建模,其余 3 个用来验证;在湿润时期类随机抽取 10 个用来建模,其余 6 个用来验证(表 4-4)。共计 16 个数据用于建模,9 个数据用于验证。

表 4-4 建模数据来源及分组
Tab.4-4 Data sources and groups for simulation

编号	采样时间	数据分组	干湿时期	编号	采样时间	数据分组	干湿时期
1	2013/09/26	验证组	干旱	14	2014/09/05	建模组	湿润
2	2013/10/18	验证组	干旱	15	2014/09/30	建模组	湿润
3	2013/11/13	建模组	干旱	16	2014/10/15	建模组	湿润
4	2013/12/16	建模组	干旱	17	2014/11/04	验证组	湿润
5	2014/01/06	建模组	干旱	18	2014/12/08	验证组	湿润
6	2014/02/26	验证组	湿润	19	2014/12/26	建模组	湿润
7	2014/03/27	建模组	湿润	20	2015/01/18	验证组	湿润
8	2014/04/24	建模组	湿润	21	2015/02/05	建模组	湿润
9	2014/06/03	建模组	干旱	22	2015/03/25	建模组	湿润
10	2014/06/06	建模组	干旱	23	2015/04/17	建模组	湿润
11	2014/06/11	验证组	干旱	24	2015/05/26	建模组	湿润
12	2014/07/07	验证组	湿润	25	2015/07/02	验证组	湿润
13	2014/08/18	建模组	湿润				

4.2.1.3 模型构建

本研究采用支持向量机方法来构建点位高时间分辨率土壤水分自动

监测数据与坡面高空间分辨率土壤水分手动监测数据的数量关系。支持向量机(Support Vector Machine,SVM)是 Corinna Cortes 和 Vapnik 等人于 1995 年提出的一种新的通用学习方法,在解决小样本、非线性、高维模式识别问题中表现出较大优势(杨绍锷和黄元仿,2007)。支持向量机最初是开发应用于分类问题,现已扩展应用到回归问题(Vapnik,1995)。近年来,支持向量机被广泛地应用于水文预测(李庆国和陈守煜,2005)、地下水位预报(王景雷等,2003)、土壤水力学参数估算(杨绍锷和黄元仿,2007)、土壤湿度模拟(张强等,2013)、土壤环境质量评价(吴堑虹等,2008)等众多领域,均取得了较为满意的结果(Liao *et al.*,2014c)。

SVM 由于应用了核函数的展开定理,所以并不需要知道非线性映射的显示表达式,在高维特征空间中应用线性学习机的方法,在某种程度上避免了"维数灾"(陈永义等,2004;聂春燕等,2010)。在支持向量机中使用的核函数主要有线性(linear)核函数、多项式(polynomial)核函数、径向基(Radial Basic Function,RBF)核函数、Sigmoid 核函数等四类,表达式分别为(聂春燕等,2010):

$$K(X_i,X_j)=X_i^T X_j \tag{4-14}$$

$$K(X_i,X_j)=(\gamma X_i^T X_j+r)^d,\gamma>0 \tag{4-15}$$

$$K(X_i,X_j)=\exp(-\gamma\parallel X_i-X_j\parallel^2),\gamma>0 \tag{4-16}$$

$$K(X_i,X_j)=\tan h(\gamma X_i^T X_j+r) \tag{4-17}$$

其中,γ,r 和 d 均为核参数。

实现支持向量机模式识别与回归的工具箱较多,例如 LIBSVM、LSS-VM、SVMlight、Weka 以及新版本 Matlab 自带的 SVM 工具。本研究使用的是台湾大学林智仁教授团队开发的 LIBSVM(Chang & Lin,2001),LIBSVM 是一种使用较广泛的支持向量机软件包,建模和验证均是在 Matlab 2014a 环境中通过 LIBSVM 软件包完成。在建模过程中,核函数选用径向基核函数(RBF),训练 SVM 之前,训练集和验证集输入变量的原始数据进行归一化,采用遗传算法(GA)按照十折交叉验证准则,对惩罚参数 C、不敏感损失函数参数 ε、核函数的系数 γ 进行最优值寻找。GA 算法中种群数为 20,最大遗传代数为 200,代沟为 0.9。最优 SVM 的参数搜索范围设置为 $0.01 \leqslant \varepsilon \leqslant 100, 0 \leqslant C \leqslant 50, 0 \leqslant \gamma \leqslant 1\,000$。有关支持向量机更多的描述可以参见 Boser 等(1992)的研究。

4.2.1.4　模型检验

模型的精度采用决定系数(R^2)、均方根误差(RMSE)、纳什效率系数(NSE)进行评估。土壤水分的空间分布采用 ArcGIS 9.3 的普通克里格进行空间插值。

4.2.2　茶园土壤水分空间分布模拟

首先采用支持向量机基于训练期数据建立模型,然后利用验证期数据来验证模型的可靠性。茶园训练期和验证期不同采样日期的 NSE 值如图 4‐11 所示,训练期 10 cm 和 30 cm 深度的 NSE 值较高,基本均在 0.900 以上,仅 2014 年 9 月 30 日 30 cm 的 NSE 值略低为 0.750。在验证期,10 cm 深度和 30 cm 深度的 NSE 值基本均在 0.650 以上,模拟结果较为可靠,利用支持向量机模型可以预测不同时期茶园土壤水分空间分布。验证期不同采样日期 NSE 值也存在着差异,在 10 cm 的深度,2015 年 1 月 18 日的模拟精度最高,NSE 值达到了 0.904,2013 年 9 月 26 日的模拟精度偏低,NSE 值为 0.389;在 30 cm 的深度,2014 年 12 月 8 日的模拟精度最高,NSE 值达到了 0.910,2013 年 9 月 26 日的 NSE 值较低(0.411)。NSE 值的较低主要是因为该采样日的土壤水分含量相对于其他采样日偏低,10 cm 深度土壤平均含水量仅为 0.079 $m^3 \cdot m^{-3}$,30 cm 深度为 0.081 $m^3 \cdot m^{-3}$,导致模型预测能力较差。

如不考虑采样日期,将训练期和验证期的土壤水分预测值与实测值进行

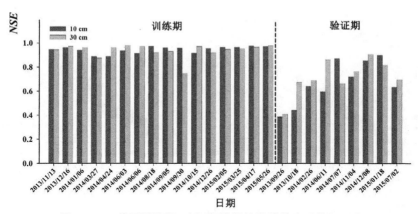

图 4 - 11　茶园训练期、验证期模拟的纳什效率系数(NSE)
Fig. 4 - 11　The Nash-Sutcliffe (NSE) of predicted soil moisture on the tea garden hillslopes during the training and simulation periods

整体对比。模型在 10 cm 和 30 cm 的深度均表现出训练期的精度高于验证期(表 4 - 5,图 4 - 12)。茶园 10 cm 训练期 RMSE 为 0.010 m^3 · m^{-3},NSE 为 0.969;10 cm 深度验证期 RMSE 为 0.024 m^3 · m^{-3},NSE 为 0.854。茶园 30 cm 深度训练期 RMSE 为 0.015 m^3 · m^{-3},NSE 为 0.957;验证期 RMSE 为 0.030 m^3 · m^{-3},NSE 为 0.803。茶园 10 cm 和 30 cm 深度的土壤水分观测值和预测值非常接近,观测值和预测值线性回归方程的斜率接近 1,截距接近 0,在不同深度、不同时期,R^2 值的均在 0.84 以上。

表 4 - 5　茶园土壤水分实测值(自变量)和预测值(因变量)线性方程关系
Tab. 4 - 5　The linear regression equations between observed soil moisture (independent variables) and predicted soil moisture (dependent variables) on tea garden hillslope

深度	样本集	方程	R^2 值
10 cm	训练期	$Y = 0.969\,2X + 0.004\,3$	0.969
	验证期	$Y = 0.954\,0X + 0.010\,2$	0.867
30 cm	训练期	$Y = 0.944\,5X + 0.008\,1$	0.945
	验证期	$Y = 0.880\,4X + 0.016\,6$	0.809

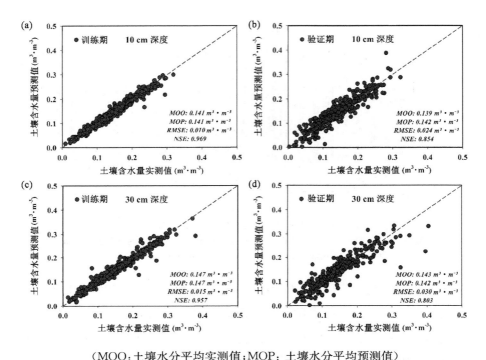

（MOO：土壤水分平均实测值；MOP：土壤水分平均预测值）

图 4‑12　茶园坡面训练期和验证期不同深度土壤水分预测值与实测值散点图

Fig.4‑12　Observed soil moisture vs. predicted value for training and validation sets at depths of 10 cm and 30 cm on tea garden hillslope

　　将茶园验证期 10 cm 和 30 cm 深度土壤水分预测值与实测值分别采用普通克里格进行空间插值（图 4‑13 和图 4‑14）对比，发现土壤水分的预测值与实测值空间分布结构基本一致，均表现为：以东北‑西南方向线为界，界线以南的土壤含水量明显高于界线以北，其中土壤水分高值斑块多出现在研究区的南端和中部偏东北角，低值斑块多出现在研究区的中部偏北端。从验证期的预测值与实测值的平均值来看，10 cm 和 30 cm 深度的预测值均与实测值非常接近：茶园 10 cm 深度的实测值的平均值为 0.139 m³ · m⁻³，预测值的平均值为 0.142 m³ · m⁻³；30 cm 深度的实测值的平均值为 0.143 m³ · m⁻³，预测值的平均值为 0.142 m³ · m⁻³。由此

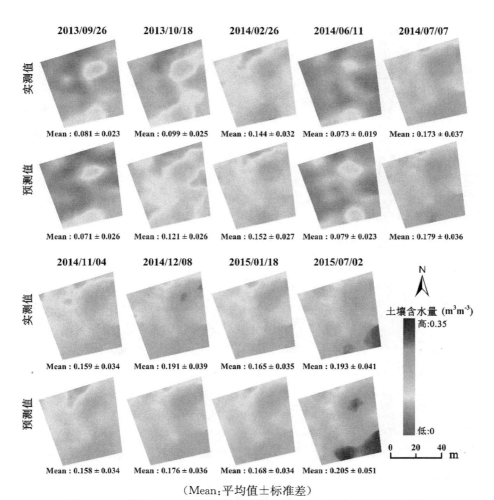

（Mean：平均值±标准差）

图 4‐13　茶园 10 cm 深度土壤含水量空间分布实测与预测结果对比

Fig.4‐13　Spatial patterns of soil moisture based on the manual monitored data and spatial patterns of soil moisture based on the predicted data at 10 cm depth on tea garden hillslope

可见，借助支持向量机采用点位自动土壤水分监测数据来预测土壤水分空间分布具有较强的可靠性。

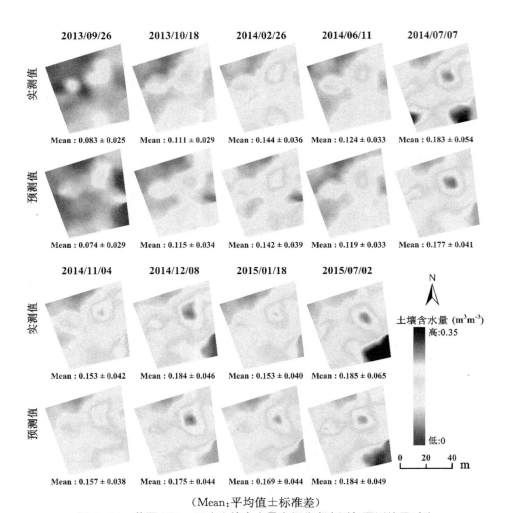

（Mean：平均值±标准差）

图 4‑14 茶园 30 cm 深度土壤含水量空间分布实测与预测结果对比

Fig.4‑14 Spatial patterns of soil moisture based on the manual monitored data and spatial patterns of soil moisture based on the predicted data at 30 cm depth on tea garden hillslope

4.2.3 竹林土壤水分空间分布模拟

竹林训练期和验证期不同采样日期 NSE 值如图 4‑15 所示，训练期

10 cm 和 30 cm 深度的 NSE 值基本均在 0.900 以上。与茶园相似,在验证期,竹林 10 cm 深度和 30 cm 深度的 NSE 值也基本均在 0.650 以上,验证期不同采样日期的 NSE 值也存在波动,2014 年 12 月 8 日的 10 cm 和 30 cm 深度的模拟精度均最高,10 cm 深度的 NSE 值达到了 0.801,30 cm 达到了 0.872,而在 2013 年 9 月 26 日,10 cm 和 30 cm 的模拟精度同时偏低,10 cm 和 30 cm 深度的 NSE 值分别为 0.366 和 0.368,其原因与茶园相似,主要是因为该采样时期前长期未降雨,土壤水分状态较为干旱,10 cm 和 30 cm 深度土壤平均含水量分别为 0.126 和 0.145 $m^3 \cdot m^{-3}$。

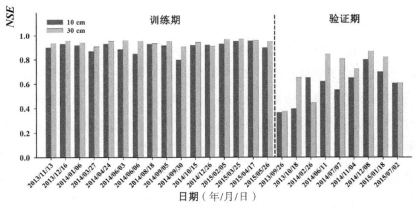

图 4 - 15　竹林训练期、验证期模拟的纳什效率系数(NSE)
Fig.4 - 15　The Nash-Sutcliffe (NSE) of predicted soil moisture by using support vector machines (SVM) on the on bamboo forest hillslope during the training period and simulation period

如不考虑采样日期,将竹林训练期和验证期的土壤水分预测值与实测值进行整体对比。支持向量机模型在 10 cm 和 30 cm 的深度均表现出训练期的精度高于验证期(表 4 - 6,图 4 - 16)。竹林 10 cm 深度训练期 RMSE 为 0.015 $m^3 \cdot m^{-3}$,NSE 为 0.960;验证期 RMSE 为 0.031 $m^3 \cdot m^{-3}$,NSE 为 0.848。竹林 30 cm 深度训练期 RMSE 为 0.015 $m^3 \cdot m^{-3}$,NSE 为 0.944;验证期 RMSE 为 0.036 $m^3 \cdot m^{-3}$,NSE 为 0.775。与茶园相似,竹林 10 cm

和 30 cm 深度土壤水分的观测值和预测值也非常接近,观测值和预测值线性回归方程的斜率接近 1,截距接近 0,R^2 值的均在 0.79 以上。

表 4 - 6 竹林土壤水分实测值(自变量)和预测值(因变量)线性方程关系

Tab. 4 - 6   The linear regression equations between observed soil moisture (independent variables) and predicted soil moisture (dependent variables) on bamboo forest hillslope

深度	样本集	方程	R^2值
10 cm	训练期	$Y=0.956\,0X+0.004\,3$	0.961
	验证期	$Y=0.903\,5X+0.020\,0$	0.857
30 cm	训练期	$Y=0.944\,5X+0.008\,1$	0.945
	验证期	$Y=0.894\,1X+0.015\,9$	0.797

竹林土壤水分预测值与实测值的空间插值结果如图 4 - 17 和图 4 - 18 所示,预测值与实测值空间分布结构基本接近,均呈现出"西低东高"的特征,研究区西边土壤水分含量低而东边土壤水分含量高。从验证期的预测值与实测值的平均值来看,10 cm 和 30 cm 深度的预测值也与实测值非常接近:竹林 10 cm 深度的土壤水分实测值的平均值为 0.220 m³ · m⁻³,预测值的平均值为 0.219 m³ · m⁻³;30 cm 深度的土壤水分实测值的平均值为 0.222 m³ · m⁻³,预测值的平均值为 0.214 m³ · m⁻³。模型具有较强的可靠性。

4.2.4   典型土地利用坡面土壤水分空间分布模拟差异

对比茶园和竹林土壤水分空间分布的模拟精度发现,茶园的模拟精度略高于竹林(图 4 - 19)。以验证期为例,茶园 10 cm 和 30 cm 深度的 RMSE 分别为 0.024 m³ · m⁻³和 0.030 m³ · m⁻³,竹林 10 cm 和 30 cm 深度的 RMSE 值分别为 0.031 m³ · m⁻³和 0.036 m³ · m⁻³,茶园不同深度(10 cm、30 cm)的 RMSE 值均低于竹林;茶园 10 cm 和 30 cm 深度的 NSE 值分别为 0.854 和 0.803,竹林 10 cm 和 30 cm 深度的值分别为

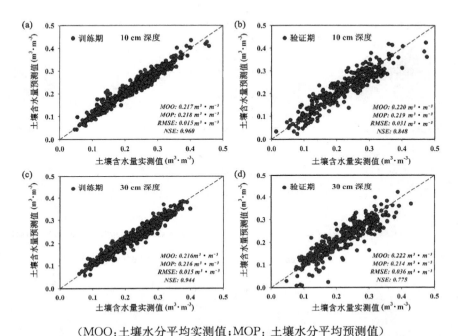

（MOO：土壤水分平均实测值；MOP：土壤水分平均预测值）

图 4‒16　竹林坡面训练期和验证期不同深度土壤水分预测值与实测值散点图

Fig.4‒16　Observed soil moisture vs. predicted value for training and validation sets at depths of 10 cm and 30 cm on bamboo forest hillslope

0.848 和 0.775，茶园不同深度（10 cm、30 cm）的 NSE 和 R^2 值也均高于竹林。以上结果表明，茶园的模拟效果好于竹林。这主要是因为竹林的根系更为发达，大孔隙优先流可能会存在，导致其土壤水分空间分布模拟难度增大。前文"3.2 典型土地利用坡面土壤水分时空变异特征"的研究也印证了这一点，与茶园相比，竹林土壤水分含量较高，具有更大的空间变异性。

　　除了不同用地类型的模拟效果存在差异外，同一用地类型不同深度的模拟效果也存在差异。以验证期为例，茶园 10 cm 深度的 RMSE 值（0.024 m³ · m⁻³）均小于 30 cm（0.030 m³ · m⁻³），竹林 10 cm 深度的

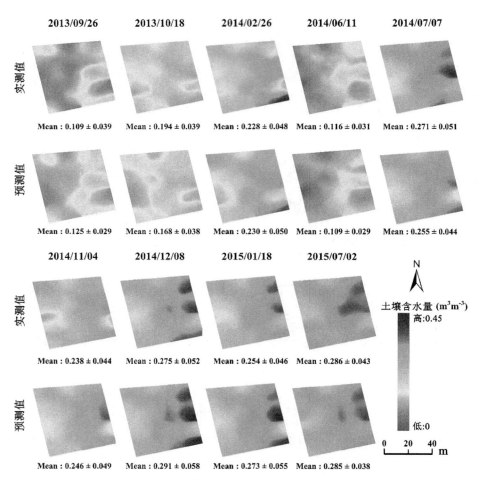

（Mean：平均值±标准差）

图 4 - 17　竹林 10 cm 深度土壤含水量空间分布实测与预测结果对比

Fig.4 - 17　Spatial patterns of soil moisture based on the manual monitored data and spatial patterns of soil moisture based on the predicted data at 10 cm depth on bamboo forest hillslope

RMSE 值（0.031 m³ · m⁻³）也小于 30 cm（0.036 m³ · m⁻³）；茶园 10 cm 深度的 NSE 值（0.854）均大于 30 cm（0.803），竹林 10 cm 深度的 NSE 值（0.848）大于 30 cm（0.775）；茶园 10 cm 深度的 R^2 值（0.867）大于 30 cm

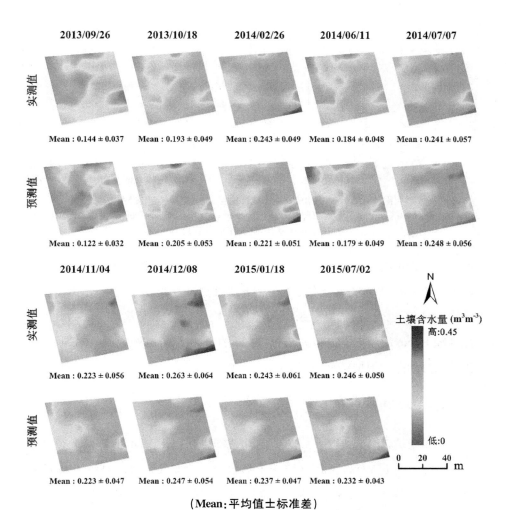

（Mean：平均值±标准差）

图 4 - 18　竹林 30 cm 深度土壤含水量空间分布实测与预测结果对比

Fig.4 - 18　Spatial patterns of soil moisture based on the manual monitored data and spatial patterns of soil moisture based on the predicted data at 30 cm depth on bamboo forest hillslope

（0.809），竹林 10 cm 深度的 R^2 值（0.857）也大于 30 cm（0.797）。表明茶园和竹林的 10 cm 深度的模拟效果均好于 30 cm 深度。这主要可能是因为随着土壤深度增加，下层根系更发达，大孔隙优先流的影响在下层增强，导致土

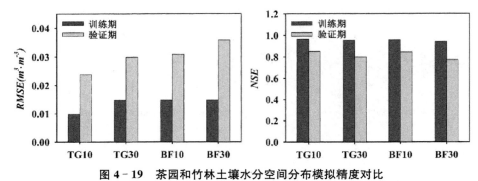

图 4 - 19　茶园和竹林土壤水分空间分布模拟精度对比
Fig.4 - 19　Comparison of predictive accuracy of soil moisture between tea garden
hillslope and bamboo forest hillslope

壤水分更难预测（王彦辉,1989),并且 10 cm 深度的土壤水分空间分布相对
较为均质,30 cm 深度土壤水分的空间异质性更强,"3.2.2 土壤水分分布空间
结构"的分析也表明这一点,茶园和竹林土壤水分的标准差均表现为 30 cm
深度较 10 cm 深度大。这与林洁等(2012)的研究结论一致,表层(10 cm左右)
土壤水分动态的模拟精度较深层(30 cm)更高一些。

4.3　本章小结

　　本章首先基于土壤水动力学的基本原理,利用 HYDRUS - 2D 水文模
型,基于有限点剖面高时间分辨率土壤水分自动监测数据,构建了茶园和
竹林坡面二维土壤水分运动模型,定量描述了典型土地利用坡面二维土壤
水分运动过程。其次,依据时间稳定性理论,采用支持向量机方法,构建了
基于有限点剖面高时间分辨率土壤水分自动监测数据与坡面高空间分辨
率手动监测数据的数量关系模型,高时空分辨率的模拟预测了茶园和竹林
坡面土壤水分不同深度(10 cm,30 cm)空间分布格局。本章的主要结论
如下:

　　(1) 运用 HYDRUS - 2D 可精确模拟茶园和竹林坡面二维土壤水分运

动。茶园坡顶位置 10 cm、30 cm 深度的 NSE 值分别是 0.612 和 0.573,坡脚位置 10 cm、30 cm 深度的 NSE 值分别是 0.681 和 0.654。竹林坡顶位置 10 cm、30 cm 深度的 NSE 值分别是 0.629 和 0.602,坡脚位置 10 cm、30 cm 深度的 NSE 值分别是 0.647 和 0.502。茶园和竹林均表现出表层(10 cm)土壤含水量的模拟精度较高,说明表层易受到降雨、蒸发等上界面通量值因素的影响。

(2)基于茶园和竹林坡面二维土壤水分的运动模拟结果,对比验证期茶园和竹林的土壤水分运动特征。茶园和竹林的壤中流与降雨关系显著,当发生较大的降雨之后,均会产生显著的壤中流过程,主要集中在 4 月份和 7 月份前后。茶园的累积壤中流(359.61 mm)明显大于竹林(65.35 mm),此外,茶园的日尺度壤中流量变化较竹林的变化幅度大,表明竹林的土壤具有较强的涵养水源能力,而茶园土壤对水分涵养和利用能力较弱。

(3)基于土壤水分时间稳定性理论,坡面不同位置的土壤水分具有一定的相关性,而该相关性为高时空分辨率的模拟坡面土壤水分时空变化提供了可能。采用支持向量机方法,构建有限点剖面高时间分辨率的土壤水分自动监测数据与坡面高空间分辨率的手动监测数据的数量关系模型,可以高时空分辨率地模拟茶园和竹林不同深度(10 cm 和 30 cm)的土壤水分空间分布格局和动态变化。

(4)高时空分辨率模拟茶园和竹林土壤水分不同深度空间分布格局结果显示,茶园不同深度(10 cm 和 30 cm)的 NSE 值、R^2 值均高于竹林,茶园的模拟效果好于竹林。说明竹林的土壤水分空间变异大于茶园,导致其土壤水分空间分布模拟难度增大。茶园和竹林均表现出 10 cm 深度的模拟效果好于 30 cm 深度,这主要是因为 10 cm 深度的土壤水分空间分布相对较为均质,易于模拟,而深层(30 cm)土壤水分的空间异质性更强,导致土壤水分空间分布更难模拟。

第 5 章　典型土地利用坡面土壤水分
运动分布过程解析

5.1　基于二维土壤水分运动模型的典型土地利用坡面壤中流通量估算

5.1.1　情境设置和敏感性分析

第三章研究发现，土壤水分的时空间变异主要受降雨、土壤质地（黏粒、粉粒、砂粒）、地形特征等因素控制。因此，本章在此研究基础上，利用第四章所构建的坡面二维土壤水分运动模型，设置了不同情境模式（降雨模式、土壤质地、坡度），来预测分析茶园和竹林坡面壤中流通量及其控制机制。通过 HYDRUS-2D，共设置 216 种不同条件组合的情境：(a) 2 种用地类型：茶园和竹林；(b) 每种用地类型下设置 3 种坡度条件：坡度平缓（5%），原有模型坡度不变（茶园：8.12%；竹林：10.80%），中等斜坡（20%）；(c) 每个坡度条件下设置 6 种土壤，土壤质地从粗到细依次为壤砂土、壤土、粉土、粉壤土、黏壤土和黏粒；(d) 每种土壤质地条件下设置 6 种具有相同的降水量的降雨模式。

5.1.1.1　降雨情境

在整个 600 天的训练期和模拟期，6 种情境具有相同的降雨量（1 797.3 mm），从情境Ⅰ至情境Ⅵ，降雨频率逐渐减小，降雨强度逐渐增加

（见表 5 - 1）。经实地监测发现，相对于茶园，竹林的树冠拦截了 18％～20％的降雨量，因此茶园和竹林的降雨强度也做了相应的数据处理。

表 5 - 1　坡面壤中流的降雨情境设计
Tab.5 - 1　Precipitation scenarios design for hillslope subsurface flow simulation

降雨情景	降雨时间间隔(d)	茶园降雨强度（mm/d）	竹林降雨强度（mm/d）
情景 Ⅰ	1	6	5
情景 Ⅱ	5	15	14
情景 Ⅲ	10	30	27
情景 Ⅳ	15	45	41
情景 Ⅴ	20	60	55
情景 Ⅵ	25	75	68

5.1.1.2　土壤质地情境

从粗粒到细粒设置 6 种不同的土壤质地类型：壤砂土(loamy sand)，壤土(loam)，粉(砂)土(silt)，粉(砂)壤土(silt loam)，黏质壤土(clay loam)和黏土(clay)，不同土壤质地的水力性质可由 HYDRUS 系列模型内嵌的ROSETTA 模块获得。该模块包含世界各地共 2000 多个样本的土壤水力性质，其中壤砂土、壤土、粉(砂)土、粉(砂)壤土、黏质壤土和黏土样本分别有 201、242、28、330、140 和 84 个，将同种质地的不同数量样本的 θ_r、θ_s、α、n 和 K_s 参数值取平均作为本研究中情景模型的输入参数(表 5 - 2)。需要说明的是，参数 l 的取值参照 van Genuchten(1980)的建议，将其统一设为0.5。

表 5 - 2　不同土壤质地的水力性质参数
Tab.5 - 2　Soil hydraulic parameter values for six types of soil textures from ROSETTA

土壤质地	θ_r(m³·m⁻³)	θ_s(m³·m⁻³)	α(1·m⁻¹)	n	K_s(m·d⁻¹)	l
壤砂土	0.048 5	0.390 4	3.47	1.746 6	1.051 2	0.5

土壤质地	$\theta_r(\mathrm{m^3 \cdot m^{-3}})$	$\theta_s(\mathrm{m^3 \cdot m^{-3}})$	$\alpha(1 \cdot \mathrm{m^{-1}})$	n	$K_s(\mathrm{m \cdot d^{-1}})$	l
壤土	0.060 9	0.399 1	1.11	1.473 7	0.120 4	0.5
粉(砂)土	0.050 1	0.488 7	0.66	1.676 9	0.437 4	0.5
粉(砂)壤土	0.064 5	0.438 7	0.51	1.662 6	0.182 6	0.5
黏质壤土	0.079 2	0.441 8	1.58	1.414 5	0.081 8	0.5
黏土	0.098 2	0.458 8	1.5	1.252 9	0.147 5	0.5

5.1.1.3　坡度情境

按照美国农业部土壤调查标准,0～3％为接近水平(nearly level),3％～8％为平缓坡(gently sloping),8％～16％为斜坡(strongly sloping),16％～30％为中等斜坡(moderately steep),30％～60％为陡坡(steep),60％以上为非常陡(very steep)。依据此标准,设置 3 种坡度情景:坡度平缓(5％),原有模型坡度不变(茶园 8.12％,竹林 10.80％),中等斜坡(20％)。

5.1.1.4　敏感性分析方法

对不同用地类型(茶园 vs 竹林)、土壤质地类型、坡度和降雨特征,壤中流的敏感性定义为(Bormann,2012):

$$S_{ap} = \frac{Q_{\text{scenario, max}} - Q_{\text{scenario, min}}}{Q_{\text{observation}}} \qquad (5-1)$$

$Q_{\text{scenario, max}}$ 和 $Q_{\text{scenario, min}}$,每种用地类型和土壤质地类型在不同降雨情境下最大和最小壤中流,$Q_{\text{observation}}$ 是监测降雨量下的壤中流。

5.1.2　典型土地利用坡面壤中流通量多情景估算

不同降雨、土壤质地、坡度情景下的茶园和竹林坡面的壤中流模拟结果如图 5 - 1 所示。

从降雨情景来看,情景Ⅰ的茶园和竹林的壤中流普遍最小,情景Ⅵ的

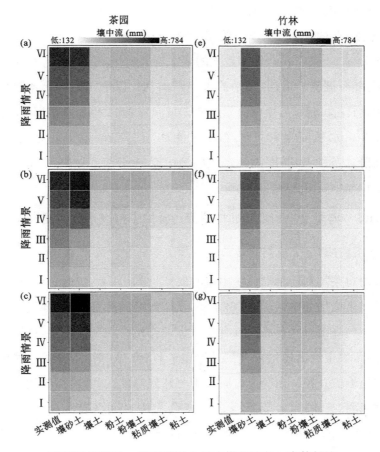

（茶园坡度情景：a 坡度平缓，b 原有模型坡度，c 中等斜坡；
竹林坡度情景：e 坡度平缓，f 原有模型坡度，g 中等斜坡；）

图 5-1　茶园和竹林坡面壤中流的不同情景（土壤质地、降雨、坡度）模拟结果

**Fig. 5-1　Scenario simulations of subsurface flow for six soil texture classes
on tea garden and bamboo forest hillslopes**

壤中流的最大，壤中流量从情景 I 到情景 VI 逐渐增加。以茶园的壤砂土质地为例，在保持坡度不变时，壤中流从降雨情景 I 的 484.34 mm 增加到情景 VI 的 713.18 mm。此外，在相同的降雨情景下，不同土壤质地条件下所产生的壤中流也有所不同，壤砂土比其他土壤质地具有更大的壤中流量。

例如,茶园坡度不变时,在降雨情景 Ⅵ 时,壤土、粉(砂)土、粉(砂)壤土、黏质壤土、黏土的壤中流分别为 291.83 mm、312.37 mm、307.34 mm、251.22 mm、275.66 mm,而壤砂土的壤中流高达 713.18 mm。在不同坡度情景下,随着坡度的增加,壤中流也不断增加。以茶园壤沙土的降雨情景 Ⅵ 为例,坡度为 5% 时,壤中流量为 663.12 mm,坡度保持不变时,壤中流量为 713.12 mm,坡度为 20% 时,壤中流量为 783.68 mm。从用地类型来看,在不同情景条件下,茶园坡面产生的壤中流(161.80~783.68 mm)均要远远大于竹林(118.61~605.89 mm)。

5.1.3 典型土地利用坡面壤中流通量的主控因素及实践指导

5.1.3.1 典型土地利用坡面壤中流通量的主控因素

降雨对茶园和竹林坡面壤中流有实质性的影响。历时短、强度大的降雨能够显著增加壤中流,这与 Wanke 等(2008)的研究一致,他们发现短时期内的多次降雨对水分渗漏具有非常大的作用。在观测期内,每当强降雨事件过后,壤中流迅速增加并到达峰值。Haga 等(2005)也发现壤中流对降雨快速响应并在降雨峰值过后半小时达到峰值。此外,从坡面水文过程的角度来看,未来的极端降雨事件将会对水文循环产生实质性的影响(Brolsma *et al.*, 2010)。以往研究表明,壤中流的产生总是伴随着高氮浓度(Pionke *et al.*, 1988;Zhu *et al.*, 2011)。因此,基于情景分析表明未来极端降雨事件将会显著增加营养盐流失量,从而加剧太湖流域的水体富营养化。

不同土壤质地的壤中流具有较大差异。壤砂土比其他土壤质地具有更大的壤中流量,这可能与其较大的饱和导水率有关,竹林不同土壤类型壤中流也表现出同样的规律。从壤中流对降雨的敏感性程度来看,壤砂土最大(茶园 90.80% 左右,竹林 70.53% 左右),而其他土壤类型之间并无显著差异(34.2%~36.9%)(图 5 - 2)。Naden 和 Watts(2001)也发现砂土的壤中流对降雨的响应比其他土壤类型更为显著。Bormann(2012)则发现不同土壤类型表现了不同的土壤水分-降雨响应关系,其中粉土的敏感性程度最强,而黏土的敏感性最小。

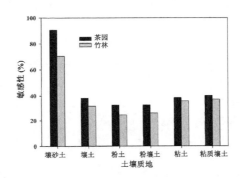

图 5 - 2　茶园和竹林坡面壤中流对降雨响应的敏感性分析

Figure 5 - 2　Sensitivity analysis of simulated subsurface flow to altered precipitation for six soil texture classes on tea garden and bamboo forest hillslope

坡度被广泛地认为是影响坡面水文过程的因子。壤中流随着坡度的增加也有所增加,兰旻等(2014)利用 THRM 设置了多种典型山坡和降雨情景,对山坡壤中流进行数值试验表明,随着坡度的增加,壤中流产流量也随之增大。本研究发现坡度对不同土壤类型的土壤水分-降雨响应关系的敏感性并未产生显著影响。

茶园和竹林壤中流随着前期平均含水量的增加而增加,壤中流的产生存在一个明显的前期坡面平均含水量阈值(茶园约 0.18 cm^3 · cm^{-3};竹林约 0.31 cm^3 · cm^{-3})(图 5 - 3、图 5 - 4),这与前人研究相似。比如 Penna 等(2010)分析了土壤含水量对径流产生的影响,发现在干旱期壤中流量较小,但当超过含水量阈值 0.45 cm^3 · cm^{-3} 时壤中流量急剧增加。Zhao 等(2015)以小坡面为例,研究了土壤水分变化对径流产生的影响,发现土壤水分的阈值大约为 0.30 cm^3 · cm^{-3}。不同研究所发现的阈值有所差异,这可能与研究区地形、土壤类型、土地利用和气候条件的不同有关。同时值得注意的是,当坡面前期含水量较低时,壤中流也有可能发生,前提是该时期的降雨量非常大。比如,在 2014 年 7 月 12 日这天,茶园前期坡面平均含水量只有 0.18 cm³ · cm⁻³,而该天雨量高达 71 mm,因此壤中流也比较明显(7.33 mm)。

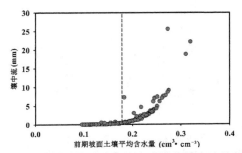

图 5－3　茶园前期坡面平均含水量与壤中流的关系
Figure 5－3　Relationship between antecedent mean hillslope soil moisture and subsurface flow on tea garden hillslope

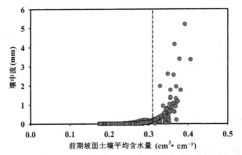

图 5－4　竹林前期坡面平均含水量与壤中流的关系
Figure 5－4　Relationship between antecedent mean hillslope soil moisture and subsurface flow on bamboo forest hillslope

不同土地利用方式对不同降雨、坡度、土壤质地情景的敏感性程度也存在差异。茶园的敏感性程度(32.82%～90.80%)显著大于竹林(24.86%～70.53%),表明茶园比竹林的敏感性更强,竹林具有更强的抗干扰能力。茶园的实际蒸散量和冠层截留量(占降雨量的 62.80％左右)相比竹林较小(占降雨量的 90.33％左右)。Schume 等(2003)的研究也认为,土地利用方式和植被覆盖改变了水分循环过程各要素的水量分配,竹林能提高冠层截留、增加蒸散量等。王毅(2011)对农林复合和花生单作利用方式壤中流的模拟计算结果表明,由于花生单作用方式下实际蒸散量和冠层截留量(占降雨量的 82.90％)比农林复合利用方式少(占降雨量的 91.70％),因此花生单作用方式下产生的壤中流比农林复合利用方式要多。Cho 等(2009)应用情景模拟方法评价了土地利用变化对壤中流的影响,发现草地的影响程度比竹林更强。

5.1.3.2　典型土地利用坡面壤中流通量主控因素的实践指导意义

基于以上典型土地利用坡面壤中流通量多情景估算以及其影响因素的分析结果,对于太湖丘陵坡地的开发利用,需要综合考虑坡面的土地利用类型、坡度以及土壤质地等条件。茶园坡面产生的壤中流要远远大于竹林,而茶园坡面产生壤中流的前期坡面平均含水量阈值(约 0.18 $\text{cm}^3 \cdot \text{cm}^{-3}$)远小于竹林坡面(约 0.31 $\text{cm}^3 \cdot \text{cm}^{-3}$),表明在相同土壤水分条件下,茶园坡面更易产生壤中流,从而增大氮磷等营养盐流失的风险。因此,需合理控制茶园扩张规模,适当实施保护性耕作方式,提高坡面水分利用效率。壤砂土具有更大的壤中流产流量,是其他土壤质地类型的 2 倍左右,壤砂土质地的丘陵坡面不宜开发成茶园。中等斜坡(20％)的壤中流产流量是平缓坡(5％)的 1.18 倍左右,需严格限制坡度大于 20％的坡面开发成茶园。此外,在对坡面土地利用进行规划设计时,可分段规划设计不同土地利用方式,优化配置坡面土地利用组合模式,削弱坡面壤中流的产流量,降低因坡面土地利用方式转变所引发的营养物质随土壤水分和壤中流迁移而流失的风险,实现坡面土地的可持续利用。

5.2 基于高时空分辨率的典型土地利用坡面土壤水分分布冷热点识别

5.2.1 冷热点时间和区域识别方法

在第四章所构建的高时空分辨率的土壤水分空间分布预测模型基础上,利用 GIS 空间分析技术,识别茶园和竹林坡面土壤水分分布变化的冷热点时间和冷热点区域。借鉴相关研究(McClain *et al.*,2003;Groffman *et al.*,2009;Kuzyakov & Blagodatskaya,2015)关于冷热点时间和冷热点区域的定义,本研究认为土壤水分分布变化的热点时间是指在较短时间(如降雨事件)一定空间尺度范围内,土壤水分相对于平均状态发生迅速变化,而变化最小的时间段则称之为冷点时间,热点区域指的是相对周边区域(斑块)土壤水分表现出不成比例的变化速率的区域,而变化最小的区域则称之为冷点区域。冷热点时间和区域是在土壤水分动态变化特性和过程强度(即过程率)的基础上所定义的,而不是按照土壤水分含量数值的高低或任何其他静态特性,这样定义考虑到空间位置的异质性和土壤水分高低的影响。从理论上讲,冷热点区域和时间可被定义在任何空间(分子到全球)或时间(毫秒到世纪)的尺度。本书研究的是茶园和竹林不同深度(10 cm、30 cm)的土壤水分分布变化在日、月份、季节、年度等时间尺度上的冷热点时间和区域。

5.2.1.1 冷热点时间和区域识别

冷热点时间和区域识别的方法流程如图 5-5 所示,具体方法如下:

(1) 基于第四章采用支持向量机所构建的高时空分辨率坡面土壤水分分布预测模型,将 2014 年 3 月至 2015 年 2 月时间段内日尺度的 9 个土壤水分自动监测样点的数据带入模型,逐日模拟(共有 365 天)得出同时期茶园和竹林坡面共计 77 个采样点的土壤水分数据。

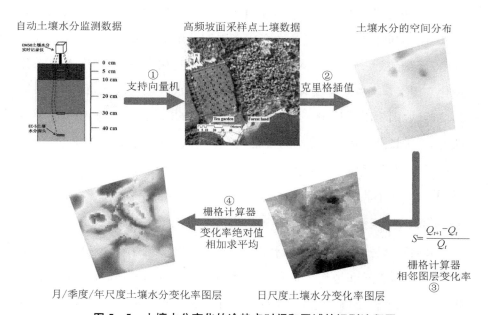

图 5-5 土壤水分变化的冷热点时间和区域的识别流程图

Fig.5-5 Identification flow chart of cold/hot moments and spots of soil moisture variations

（2）基于模拟的茶园和竹林的 2014 年 3 月至 2015 年 2 月时间段 365 天的 77 个采样点土壤水分模拟数据，采用 ArcGIS 9.3 的普通克里格进行空间插值，获得日尺度的土壤水分空间分布图。

（3）利用 ArcGIS 9.3 的空间分析的栅格计算器功能，将相邻时刻（天）的土壤水分空间分布图层（$t+1$ 时刻和 t 时刻）相减然后除以上一时刻（t 时刻）的土壤水分图层（式 5-2），得到相邻时刻土壤水分变化率图层。

$$S = \frac{Q_{t+1} - Q_t}{Q_t} \tag{5-2}$$

式中 Q_t 是 t 时刻的土壤水分含量，Q_{t+1} 是 $t+1$ 时刻的土壤水分含量，S 是 $t+1$ 时刻到 t 时刻的土壤水分的变化率。经过栅格计算，获得茶园和竹林共计 1 456 幅日尺度的土壤水分变化率图层。

（4）基于茶园和竹林日尺度土壤水分变化率图层，利用 ArcGIS 9.3的空间分析的栅格计算器功能，取变化率图层的绝对值逐日相加平均，依次获得月份土壤水分变化率图层、季节土壤水分变化率图层、年度土壤水分变化率图层。土壤水分变化率高的区域，土壤水分最为活跃，称之为热点区域，反之则为冷点区域；土壤水分变化率高的时间段，土壤水分最为活跃，称之为热点时间，反之则为冷点时间。季节的划分依据气象学定义，2014 年 3 月 3—5 月划分为春季，6—8 月为夏季，9—11 月为秋季，2014 年12 月—2015 年 2 月为冬季。

5.2.1.2 冷热点时间和区域的影响因素

采用冗余分析来解析土壤水分分布变化冷热点区域（土壤水分平均变化率）与土壤性质和地形特征的关系强弱。采用 Spearman 秩相关分析和回归分析来解析土壤水分运动冷热点时间（坡面土壤水分月平均变化率）与气象因子的关系。

5.2.2　典型土地利用坡面土壤水分分布变化的冷热点区域

5.2.2.1　土壤水分分布变化的冷热点区域识别

土壤水分分布变化的冷热点区域（年尺度）如图 5-6 所示。茶园10 cm深度土壤水分变化率并没有明显的空间差异，均处于 0.02～0.04 的区间，土壤水分变化较为稳定。茶园 30 cm 深度土壤水分变化率分异明显，自西南向东北呈现出土壤水分变化率增加的趋势。土壤水分变化率最高的区域（0.08～0.10）占茶园总面积的 3.70%，主要分布在 3 号、4 号和 5号监测样点附近，表明该区域的土壤水分变化最为活跃，是土壤水分分布变化的热点区域。土壤水分变化次活跃（0.06～0.08）的区域分布在 16 号、17 号、18 号、24 号和 29 号监测样点附近，占茶园总面积的 13.22%。在土壤水分最活跃和次活跃的区域外围分布着大面积的土壤水分一般活跃

(0.04～0.06)的区域,占茶园总面积的 53.37%。在茶园的西南角 36 号样点附近区域的土壤水分较为稳定,是土壤水分分布变化的冷点区域,占茶园总面积的 29.71%。

竹林 10 cm 和 30 cm 深度的土壤水分变化率均呈现出明显的空间差异(图 5-6)。竹林 10 cm 深度土壤水分变化率呈现出西高东低的趋势,大部分的区域土壤水分较为稳定(0.02～0.04),占林地总面积的75.51%;土壤水分变

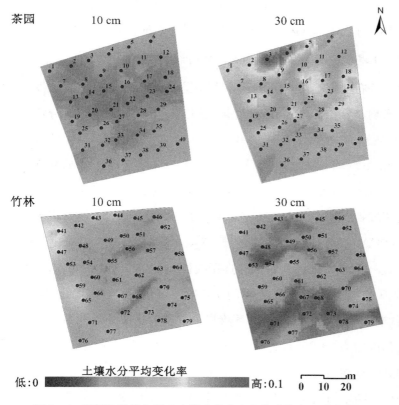

图 5-6　茶园和竹林年尺度土壤水分分布变化冷热点区域分布图

Fig. 5-6　Cold/hot spots of soil moisture variations within a year on tea garden and bamboo forest hillslopes

扫一扫
阅读彩图

化一般活跃的区域(0.04~0.06)主要分布在竹林的西南、西北部,占林地总面积的 24.47%;土壤水分变化较为活跃(0.06~0.08)的区域占竹林总面积的 2.59%,主要分布在西北角的 41 号和 47 号监测样点附近。竹林 30 cm 深度的大部分区域(87.32%)的土壤水分变化率处于0.02~0.04 的较不活跃的区间;在偏西南角 71 号监测样点附近的区域土壤水分变化率最不活跃(0~0.02),是土壤水分分布变化的冷点区域,其面积占到竹林总面积的 7.50%;土壤水分一般活跃(0.04~0.06)的区域零星地分布在竹林西北角的 74 号、75 号监测样点和中部的 55 号监测样点附近,仅占到竹林总面积的 5.18%。

5.2.2.2 土壤水分分布变化冷热点区域的影响因素

土壤水分分布变化冷热点区域存在主要受土壤性质空间异质性以及地形因素的影响,采用 Canoco 4.5 软件来利用冗余分析探索土壤水分活跃程度与环境因子的关系。首先采用 DCA 分析茶园和竹林不同深度(10 cm,30 cm)2014 年 3 月至 2015 年 2 月 364 次日尺度的 77 个监测样点的土壤水分变化率(土壤水分活跃程度)数据,得到四个排序轴的梯度长度。最大值超过 4,选择单峰模型(CA、CCA、DCA)比较合适;最大值小于 3,线性模型(PCA、RDA)比较合适;介于 3~4 之间,两种模型均合适。经过 DCA 分析发现,梯度长度均小于 3,选用线性模型(RDA)比较合适。通过分析环境因子与土壤水分变化率的 RDA 排序情况,可以得出,茶园 10 cm 深度的前两轴累积解释的相关系数与总方差的比值分别为 84.30%,茶园 30 cm 深度的为 88.80%,竹林 10 cm 深度的为 92.40%,竹林 30 cm 深度的为 99.90%,均超过 84%。

冗余分析的结果如图 5-7 所示,四个排序轴以土壤水分变化率变异被环境因子的线性组合解释量的多少出现,在排序图中一般只选择前两个轴进行制图。在茶园 10 cm 深度,对第一排序轴作用比较明显的因子有砂粒(0.80)、粉粒(-0.83);海拔、地形湿度指数、黏粒和砾石对第二排序轴作用

比较明显,相关系数分别为−0.46、−0.44、0.73 和−0.41。在茶园 30 cm
深度,地形湿度指数(−0.40)、砂粒(−0.64)、粉粒(0.51)和黏粒(0.54)等因
子与第一排序轴有明显的相关关系;而剖面曲率(−0.41)、地形湿度指数

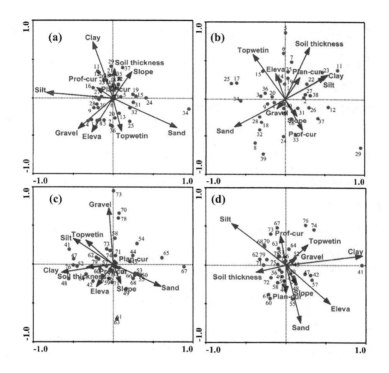

(a:茶园 10 cm 深度;b:茶园 30 cm 深度;c:竹林 10 cm 深度;d:竹林 30 cm 深度。Ele-
va:高程,Slope:坡度,Pla-cur:平面曲率,Prof-cur:剖面曲率,TWI:地形湿度指数,
Sand:砂粒含量,Silt:粉粒含量,Clay:黏粒含量,Gravel:砾石含量,Soil thickness:土层
厚度。环境因子用箭头表示,箭头所处的象限表示环境因子与排序轴间的正负相关
性,箭头连线的长度代表着某个环境因子与土壤水分活跃区域空间分布间相关程度
的大小,连线越长,说明相关性越大,反之越小。箭头连线和排序轴的夹角代表着某
个环境因子与排序轴的相关性大小,夹角越小,相关性越高,反之越低。(许莎莎等,
2011))

图 5−7　茶园和竹林土壤水分分布变化冷热点区域与环境因子的 RDA 排序图
Fig. 5−7　Ordination diagram resulting from RDA on cold/hot spots of soil moisture
variations with environment attributes on tea garden and bamboo forest hillslopes

(0.58)和土壤深度(0.68)等因子对第二排序轴作用比较明显。上述分析表明,在茶园 10 cm 深度,土壤性质(砂粒、粉粒和黏粒)是影响土壤水分活跃度空间分布的主要控制因子,在茶园 30 cm 深度,地形湿度指数和土壤厚度的影响有所加强。

在竹林 10 cm 深度,对第一排序轴作用比较明显的主要有砂粒、粉粒和黏粒等因子,相关系数分别达到了 0.60、-0.50 和 0.65,而剖面曲率、平面曲率、土壤厚度等其他环境因子与第一排序轴的关系相对较弱;对第二排序轴作用比较明显的环境因子较少,主要为砾石(-0.73)。在竹林 30 cm 深度,对第一排序轴作用比较明显的主要包括海拔(0.56)、粉粒(-0.75)和黏粒(0.9)等因子,对第二排序轴作用比较明显的主要包括海拔(-0.50)、砂粒(-0.75)和粉粒(0.54)等因子。总的来看,在竹林 10 cm 深度,土壤性质(砂粒、粉粒、黏粒和砾石含量)是影响土壤水分活跃度空间分布的主要控制因子,在竹林 30 cm 深度,高程对土壤水分活跃程度的影响有所加强。

5.2.3 典型土地利用坡面土壤水分分布变化的冷热点时间

5.2.3.1 土壤水分分布变化的冷热点时间识别

不同季节和月份土壤水水分变化率具有显著差异。茶园 10 cm 深度的土壤水分变化在夏季最为活跃,其次是春季,然后是秋季,冬季最不活跃。从月份来看,6 月份土壤水分分布变化是全年中最为活跃的月份,是土壤水分分布变化的热点时间,土壤水分平均变化率高达 0.074,土壤水分变化较为活跃的月份是 5 月(0.035)和 10 月(0.030),3 月、4 月、7 月和 11 月的土壤水分分布变化基本处于较为稳定的状态,12 月的土壤水分分布变化最为稳定,平均变化率仅为 0.007(图 5 - 8),是土壤水分分布变化的冷点时间。

茶园 30 cm 深度的土壤水分分布变化随时间变化的规律基本与 10 cm 深度相同,但也略有差异。这说明表层土壤水分直接接受降雨补给,而下层土壤主要受表层土壤水分的影响,此外表层和下层土壤性质也有所不同,

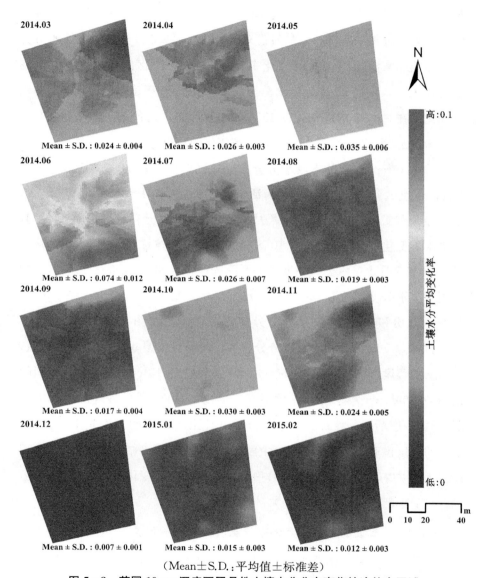

（Mean±S.D.：平均值±标准差）

图 5 - 8　茶园 10 cm 深度不同月份土壤水分分布变化的冷热点区域

Fig.5 - 8　Monthly changes of cold/hot spots for soil moisture variations at the depth of 10 cm on the tea garden hillslope

导致上下层土壤水分分布变化呈现一定的差异。茶园 30 cm 深度在春季和夏季均表现得非常活跃。从月份来看,3 月、4 月、6 月和 7 月土壤水分分布变化均非常活跃,土壤水分变化率处于 0.08～0.10 区间的面积均在 50% 以上,5 月、10 月和 11 月土壤水分分布变化的活跃程度较为相似,土壤水分变化率在 0.06 上的面积均在 45% 以上,冬季的 1 月份的土壤水分分布变化最为稳定(图 5 - 9),是土壤水分分布变化的冷点时间。

竹林 10 cm 深度的土壤水分分布变化随时间变化的规律基本与茶园 10 cm 深度的相同,首先夏季最为活跃,其次是春季,秋冬季最不活跃。土壤水分分布变化最为活跃的是 6 月份,是土壤水分分布变化的热点时间,土壤水分变化率处于 0.08～0.10 区间的面积占竹林总面积约 25%,3 月、4 月、5 月和 7 月土壤水分分布变化的活跃程度较为相似,研究区 50% 以上的范围土壤水分变化率在 0.04 以上,局部区域达到了 0.08 以上。冬季的 12 月份、1 月份和 2 月份的土壤水分分布变化比较稳定(图 5 - 10)。

竹林 30 cm 深度的土壤水分分布变化也呈现出夏季最为活跃的特点,但活跃的程度较 10 cm 深度的有所降低,和竹林 10 cm 深度略有不同的是,春季和秋季土壤水分分布的活跃程度基本相同,冬季表现出整体不活跃,局部一般活跃的特征。土壤水分的变化最为活跃的月份是 7 月份,但活跃的程度没有竹林 10 cm 深度的强,土壤水分变化率在 0.06 以上的面积仅占 10% 左右。冬季和春季 3 月份的土壤水分分布变化整体比较稳定,但也存在局部活跃区域(图 5 - 11)。

5.2.3.2　土壤水分分布变化冷热点时间的影响因素

将茶园和竹林不同深度的土壤水分月平均变化率与降水量、温度、相对湿度和太阳辐射等气象因子进行 Spearman 相关分析,结果如表 5 - 3 所示。总体来看,土壤水分月平均变化率与降水量、温度的相关性较强,而与相对湿度和太阳辐射并未表现出显著的相关。竹林的土壤水分变化率与

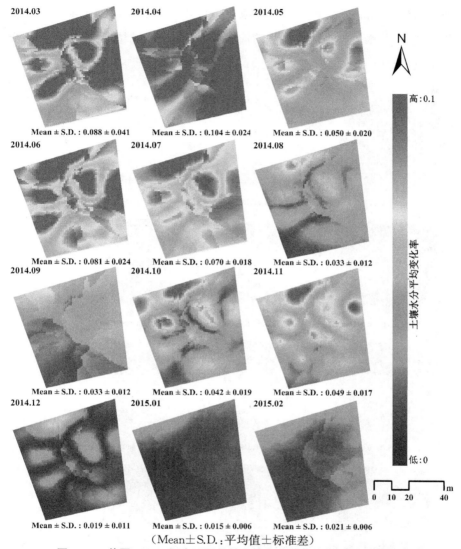

（Mean±S.D.：平均值±标准差）

图 5 - 9　茶园 30 cm 深度不同月份土壤水分分布变化的冷热点区域

Fig.5 - 9　Monthly changes of cold/hot spots for soil moisture variations at the depth of 30 cm on the tea garden hillslope

降水量和温度表现出显著的正相关，而茶园仅在 10 cm 深度与温度有显著的正相关，表明竹林的土壤水分变化率与温度和降水量的变化更为密切。

温度影响了蒸散发,从而影响了土壤水分的损耗,温度越高,土壤水分的变化率越高;降水量作为土壤水分的输入(补给),降水量越大,土壤水分的变化率也越高。

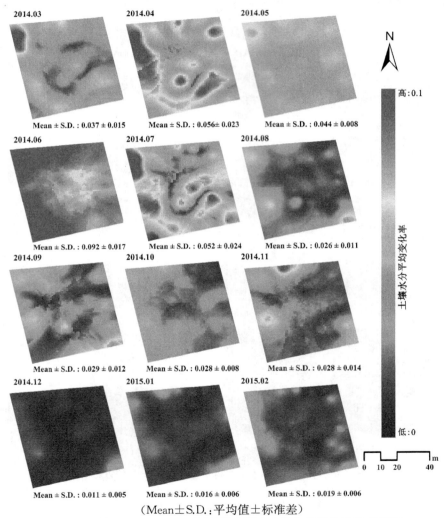

(Mean±S.D.:平均值±标准差)

图 5 - 10　竹林 10 cm 深度不同月份土壤水分分布变化的冷热点区域

Fig.5 - 10　Monthly changes of cold/hot spots for soil moisture variations at the depth of 10 cm on the bamboo forest hillslope

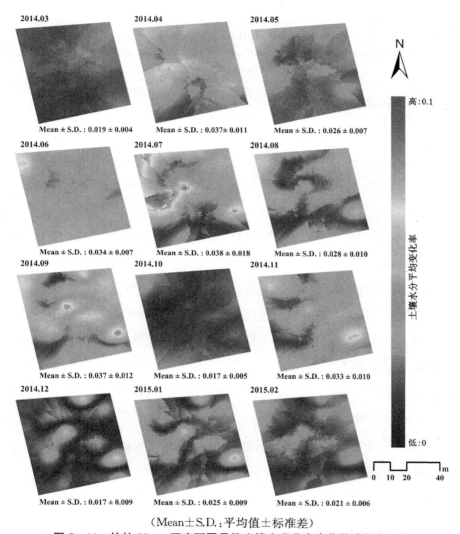

（Mean±S.D.：平均值±标准差）

图 5 - 11　竹林 30 cm 深度不同月份土壤水分分布变化的冷热点区域

Fig.5 - 11　Monthly changes of cold/hot spots for soil moisture variations at
the depth of 30 cm on the bamboo forest hillslope

表 5-3   茶园和竹林不同深度土壤水分月平均变化率与气象因子的相关关系
Tab.5-3   Spearman correlation coefficients between weather factors and monthly averge rate of soil moisture change at depths of 10 cm and 30 cm on the tea garden and bamboo forest hillslopes

气象因子	茶园 10 cm	茶园 30 cm	竹林 10 cm	竹林 30 cm
降水量(mm)	0.301	0.494	0.606*	0.715**
温度(℃)	0.615*	0.441	0.615*	0.671*
相对湿度(%)	0.145	0.011	0.194	0.063
太阳辐射(w/m²)	0.357	0.413	0.308	0.021

　　**显著性 $P<0.01$；*显著性 $P<0.05$。

　　进一步采用线性回归分析降水量、温度与茶园和竹林不同深度土壤水分变化率的关系。从图 5-12 中可看出,降水量、温度与竹林土壤水分变化率的决定系数(R^2)比茶园的大,说明降水量、温度对竹林土壤水分变化率的解释程度更高。此外,决定系数在不同深度也有差别。在竹林,降水量、温度与土壤水分变化率的决定系数在 30 cm 深度更大,说明在 30 cm 深度降水量、温度的解释程度更高。从回归系数上来看,降水量与土壤水分变化率的回归系数比温度与土壤水分变化率的更高,说明降水量对土壤水分变化率的影响相较温度更大。

5.2.4   典型土地利用坡面土壤水分分布变化的时间、区域的冷热点差异及实践指导

5.2.4.1   典型土地利用坡面土壤水分分布变化的时间、区域的冷热点差异

　　对比茶园和竹林的土壤水分分布变化的冷热点区域的空间分布和时间变化情况可以发现:不同用地类型和不同深度的土壤水分分布的活跃程度及影响因素存在差异。从不同深度的土壤水分活跃程度来看(图 5-13),茶园 10 cm 深度土壤水分分布变化较为稳定,并且没有表现出明显的空间差异;茶园 30 cm 深度土壤水分分布变化比较活跃,并且存在明

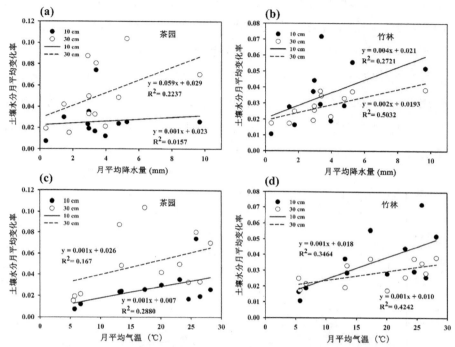

图 5－12　茶园和竹林不同深度土壤水分月平均变化率与气象因子关系

Fig. 5－12　Relationship between weather factors and monthly averge rate of soil moisture change at depths of 10 cm and 30 cm on the tea garden and bamboo forest hillslopes

显空间差异。竹林的 10 cm 深度的土壤水分分布变化较为活跃,而竹林 30 cm深度土壤水分分布变化较为稳定。从不同用地类型的土壤水分分布变化程度来看,在 10 cm 的深度,竹林的土壤水分变化率明显高于茶园,然而在 30 cm 深度,茶园的土壤水分变化率明显高于竹林。茶园 10 cm 深度土壤水分分布的活跃程度的主要控制因子是土壤性质(砂粒、粉粒和黏粒),在茶园 30 cm 深度,地形湿度指数和土壤厚度对土壤水分活跃度影响有所加强。土壤性质(砂粒、粉粒、黏粒和砾石含量)是影响竹林 10 cm 深度土壤水分分布活跃程度的主要控制因子,而在竹林 30 cm 深度,高程的影响有所加强。由此看出,表层(10 cm)土壤水分分布活跃程度主要受土壤性质(砂粒、粉粒和黏粒)影响,而随着土壤深度的增加,地形因子(地形湿度指数、高程)对土壤水分分布活跃程度的影响有所增强。茶园 30 cm 深度的土壤水分分布变化较 10 cm 深度的活跃,竹林 10 cm 深度的土壤水分分布变化较 30 cm 深度的活跃,这主要可能是因为在各种土壤因素综合作用下,茶园深层(30 cm)土壤较表层土壤(10 cm)导水率强,竹林表层(10 cm)土壤较深层土壤(30 cm)导水率强,而导水率强的土壤水分波动更大。

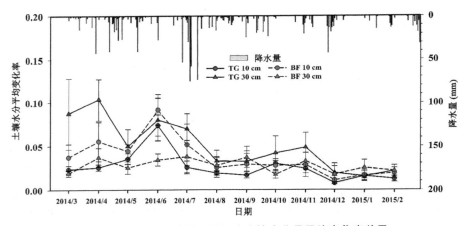

图 5 - 13　茶园和竹林不同深度土壤水分月平均变化率差异
Fig.5 - 13　Monthly changes of averge rate for soil moisture variations at depths of
10 cm and 30 cm on the tea garden and bamboo forest hillslopes

　　不同用地类型和不同深度的土壤水分分布的活跃程度也呈现出随时间规律变化的特征,季节变化特征相似,月份变化特征存在差异。茶园和竹林不同深度土壤水分变化率均表现出春季、夏季变化活跃,秋季一般活跃,冬季最不活跃,但月份特征存在差异。茶园 10 cm 深度最为活跃的月份是 6 月份,土壤水分平均变化率高达 0.074,12 月份的土壤水分分布变化最为稳定(0.007)。茶园 30 cm 深度 4 月份土壤水分分布变化最为活跃(0.104),冬季的 1 月份的土壤水分分布变化最为稳定(0.015)。竹林 10 cm

深度 6 月份土壤水分分布变化最为活跃(0.092),而最为稳定的月份是 12 月份(0.011)。竹林 30 cm 深度,土壤水分分布变化最为活跃的月份是 7 月份(0.038),最不活跃的月份是 12 月份(0.017)。土壤水分分布活跃程度的月份变化主要与降水、温度的时间变化及植被的生长季有关。在春夏季节,降水较多,同时温度不断升高,植被的生长加快,土壤蒸发及植被蒸腾消耗水分增大,造成土壤水分的变化比较活跃。而在冬季,降水较少,植被生长相对缓慢,温度也较低,土壤蒸发及植被蒸腾消耗水分也较少,因此土壤水分的分布变化也较为稳定。

5.2.4.2　典型土地利用坡面土壤水分分布变化冷热点分析的实践指导意义

通过以上分析发现,总体来看,茶园坡面不同深度的土壤水分分布变化在夏季最为活跃,其次是春季,然后是秋季,冬季最不活跃。相关研究表明,田间施肥量显著增大了土壤水中氮磷等营养物质的浓度(牛玉春等,2011)。因此,对于茶园的土壤管理与施肥,需要综合考虑土壤水分变化活跃的时期。茶园施基肥一般选择在茶树停止生长的秋冬季节,选用菜饼肥、鸡粪等有机肥(宗良纲等,2006),而此时的土壤水分含量较低,土壤水分变化处于较为稳定和最不活跃的时期,施肥对土壤水中营养物质浓度的影响有限。然而在太湖流域,茶树的生长期较长,除施基肥外,在春夏季,需要追肥 4~5 次,追肥以速效化肥(尿素、硫酸铵等)为主,而此时土壤水分变化处于活跃时期,施肥显著增加了土壤水中营养物质浓度。因此在土壤水分活跃的春夏季节追肥时应控制施肥量,以少量、多次为宜,并且施肥的日期应该选择降雨较少、气温较低的时期,以此减少营养物质随土壤水分和壤中流迁移而流失的风险。本研究发现土壤水分活跃程度存在空间差异,可为精准农业(precision agriculture)提供实践指导(何东健等,2012)。依据土壤水分含量及其活跃程度的空间差异,通过调节局部灌溉的频次、用水量等差别化、精细化的田间管理模式,可减少生产成本,节约生产资料,提高作物产量,提高水分的利用率,降低营养物质随壤中流迁移而流失的风险,实现高效利用农业资源和保护环境的可持续发展目标。

5.3 本章小结

本章在第四章所构建的典型土地利用坡面二维土壤水分运动模型和高时空分辨率坡面土壤水分分布预测模型基础上,将其进行了拓展应用。首先,利用 HYDRUS - 2D 和情景模拟方法,设置了降雨、土壤质地、坡度等不同情境模式,模拟典型土地利用坡面壤中流通量及其影响机制。其次,基于高时空分辨率坡面土壤水分分布模拟模型,预测了 2014 年 3 月至 2015 年 2 月日尺度的典型土地利用不同深度(10 cm,30 cm)的土壤水分的空间分布。最后利用 GIS 空间分析技术,识别出茶园和竹林土壤水分在月份尺度、季节尺度、年度尺度变化较为显著的区域。本章的主要结论如下:

(1)基于不同降雨、土壤质地、坡度情景下的茶园和竹林坡面的壤中流预测结果发现,茶园利用方式的坡面产生的壤中流要远大于竹林,茶园的壤中流通量是竹林的 5 倍左右,并且茶园的敏感性程度(32.82%～90.80%)显著大于竹林(24.86%～70.53%),表明竹林具有更强的抗干扰能力。降雨对茶园和竹林坡面壤中流有实质性的影响,历时短、强度大的极端降雨事件能够显著增加壤中流(以茶园为例,壤中流增加了约 47.25%)。壤砂土具有更大的壤中流量,是其他土壤质地的 2 倍左右。随着坡度的增加,壤中流产流量也随之增大,中等斜坡的壤中流是平缓坡的 1.18 倍左右。此外,壤中流的产生存在一个明显的前期坡面平均含水量阈值(茶园约 0.18 $cm^3 \cdot cm^{-3}$,竹林约 0.31 $cm^3 \cdot cm^{-3}$)。说明竹林向茶园的转变及未来极端降雨事件会增加壤中流的通量。

(2)不同用地类型和不同深度的土壤水分活跃区域的空间分布及影响因素存在差异,土壤水分活跃程度也呈现出随时间规律性变化的特征。茶园 30 cm 和竹林的 10 cm 土壤水分变化比较活跃。在 10 cm 的深度,竹林的土壤水分变化率明显高于茶园,而在 30 cm 深度,茶园的土壤水分变化率明显高于竹林。土壤水分的活跃程度的空间差异主要受土壤性质(粒径分布)因素控制,在 10 cm 深度,砂粒含量越高,土壤水分的活跃程度越高;在 30 cm 深度,黏粒含量越高,土壤水分的活跃程度越高。随着土壤深度的增加,地形湿度指数、高程等地形因子的影响作用有所增强。两种用地类型的土壤水分变化率均表现出春季、夏季变化活跃,秋季一般活跃,冬季最不活跃,但月份特征存在差异,土壤水分活跃程度的变化主要与降水、温度的时间变化及植被的生长季有关。

(3) 与竹林相比,茶园土壤水分对环境因子变化的响应更为剧烈,这与当前茶园的耕作方式有很大的关系。为了减少茶园氮磷等营养物质随土壤水分和壤中流迁移而流失的风险,在茶园坡面进行施肥时应选择土壤水分并不活跃的冬季,并且要实行保护性耕作方式,如少耕、免耕,加强对坡面的保护,提高土壤的保水保肥能力。此外,可对坡面土地利用方式进行分段规划设计,优化配置坡面土地利用组合模式,降低因土地利用方式转变所增加的区域生态环境风险,实现坡面土地的可持续利用。

第 6 章　总结与展望

6.1　主要结论

太湖流域丘陵区大量生态型用地(竹林)转变为经济型用地(茶园),而土地利用/覆被类型的转变,改变了地表关键带土壤水文过程,从而影响了该区域面源污染物质的输移。本书按照"现象机制-模型模拟-拓展应用"的研究框架。首先,采用高空间分辨率的土壤水分手动监测数据,分析了茶园和竹林坡面土壤水分的时空动态分布格局,并基于时间稳定性理论,识别了不同干湿时期土壤水分分布的主控因素。其次,采用有限点剖面高时间分辨率土壤水分自动监测数据,基于土壤水动力学的基本原理,利用 HYDRUS-2D 水文模型,构建了茶园和竹林二维坡面土壤水分运动模型,定量描述了两种用地类型坡面二维土壤水分运动特征,同时依据时间稳定性理论,集成高空间分辨率的土壤水分手动监测数据和高时间分辨率的自动监测数据,采用支持向量机方法,构建了高时空分辨率的坡面土壤水分分布预测模型。最后,在构建的典型土地利用二维坡面土壤水分运动模型和高时空分辨率的坡面土壤水分分布模型基础上,基于降雨、土壤质地、坡度等不同情境模式,预测分析了茶园和竹林坡面壤中流通量及其影响因素,识别了茶园和竹林土壤水分在月份、季节和年度等不同时间尺度上变化较为显著的区域,揭示了茶园和竹林土壤水分分布变化的时空分异特征。研究得到以下主要结论：

（1）茶园和竹林坡面土壤水分分布格局的时空特征及其控制因素在不同干湿时期存在显著差异。

竹林的土壤含水量的平均值是茶园的 1.67 倍左右，而这种差异在干旱时期下更为明显（干旱时期：1.88 倍；湿润时期：1.57 倍）。经典统计和地统计的结果表明，竹林土壤水分的空间变异更大，竹林的不同深度的标准差明显高于茶园，土壤水分分布空间自相关性要强于茶园。采用 Spearman 秩相关、逐步多元线性回归分析土壤水分空间变异的影响因素结果表明，茶园土壤水分空间变异主要受黏粒含量、高程、坡度和地形湿度指数等因素控制，竹林主要受坡度和粉粒含量等因素控制，地形因子对土壤水分的影响随着土壤水分升高以及土壤深度的增加呈显著增强趋势。

（2）构建二维坡面土壤水分运动模型和高时空分辨率坡面土壤水分分布模型，可较为理想地定量描述茶园和竹林坡面土壤水分运动过程和空间分布格局。

基于土壤水动力学的基本原理，利用 HYDRUS－2D 水文模型，采用有限点剖面高时间分辨率土壤水分自动监测数据，模拟茶园和竹林坡面二维土壤水分的运动分布。用纳什效率系数（NSE）评价二维坡面土壤水分运动模型模拟精度，研究发现茶园坡顶位置 10 cm 和 30 cm 深度的 NSE 分别为 0.612 和 0.573，坡脚位置 10 cm、30 cm 深度的 NSE 分别是 0.681 和 0.654。竹林坡顶位置 10 cm、30 cm 深度的 NSE 分别是 0.629 和 0.602，坡脚位置 10 cm、30 cm 深度的 NSE 分别是 0.647 和 0.502。采用支持向量机方法，构建高时间分辨率有限点剖面土壤水分自动监测数据与高空间分辨率坡面手动监测数据的数量关系模型，可以精确模拟高时空分辨率的茶园和竹林不同深度（10 cm 和 30 cm）的土壤水分空间分布格局和动态变化。在模型验证期，茶园 10 cm 深度的 RMSE 值为 0.024 $m^3 \cdot m^{-3}$，NSE 值为 0.854，茶园 30 cm 深度的 RMSE 值为 0.030 $m^3 \cdot m^{-3}$，NSE 值为 0.803；

竹林 10 cm 深度的 RMSE 值为 0.031 m³ · m⁻³,NSE 值为 0.848,竹林 30 cm深度的 RMSE 值为 0.036 m³ · m⁻³,NSE 值为 0.775。

（3）茶园坡面产生的壤中流产流要远大于竹林坡面,并且对降雨、土壤质地等因素敏感性程度显著大于竹林。

运用 HYDRUS-2D 模拟茶园和竹林坡面二维土壤水分的运动过程表明,茶园的壤中流通量(359.61 mm)是竹林(65.35 mm)的 5.5 倍,壤中流的发生主要集中在 4 月份和 7 月份前后。此外,基于不同降雨、土壤质地、坡度情景下的茶园和竹林坡面的壤中流预测结果表明,茶园壤中流对降雨、质地和坡度的敏感性(32.82% ～ 90.80%)显著大于竹林(24.86% ～ 70.53%)。降雨对壤中流有实质性的影响,历时短、强度大的极端降雨事件能够显著增加壤中流(以茶园为例,壤中流增加了约 47.25%)。壤砂土具有更大的壤中流量,是其他土壤质地的 2 倍左右。而随着坡度的增加,壤中流产流量也随之增大,中等斜坡的壤中流是平缓坡的 1.18 倍左右。此外,壤中流的产生存在一个明显的前期坡面平均含水量阈值(茶园约 0.18 cm³ · cm⁻³,竹林约 0.31 cm³ · cm⁻³)。说明竹林向茶园的转变及未来极端降雨事件会增加壤中流的通量。

（4）茶园和竹林坡面土壤水分活跃区域的空间分布及影响因素存在差异,土壤水分分布的活跃程度呈现出随时间规律变化的特征。

对比茶园和竹林的土壤水分分布的冷热点区域的时空变化情况发现:从空间尺度来看,在 10 cm 的深度,竹林土壤水分的活跃程度明显高于茶园,而在 30 cm 深度,茶园活跃程度明显高于竹林,这可能与茶园的壤中流量较高有关。土壤水分的活跃程度的空间差异主要受土壤性质(粒径分布)因素控制:在 10 cm 深度,砂粒含量越高,土壤水分的活跃程度越高;在 30 cm 深度,黏粒含量越高,土壤水分的活跃程度越高。两种用地类型的土壤水分变化率均表现为春季、夏季变化活跃,秋季一般活跃,冬季最不活跃,但在不同月份其变化特征存在差异,土壤水分活跃程度的变化主要与降水、温度的时间变化有关。

（5）竹林向茶园转变，会导致壤中流显著增加，增大氮磷等营养盐随壤中流流失风险，需合理控制茶园扩张规模，优化配置坡面土地利用组合模式。

近年来，随着太湖流域丘陵竹林向茶园转变，会导致壤中流显著增加，加上茶园在日常管理中的施肥作用，增大了氮磷等营养盐随壤中流流失风险，从而加剧该地区水体富营养化。因此，在太湖流域丘陵地区应合理控制茶园扩张规模，适当实施保护性耕作方式，提高坡面水分利用效率。此外，可对坡面土地利用方式进行分段规划设计，优化配置坡面土地利用组合模式，降低因土地利用方式转变所引发的区域生态环境风险，实现坡面土地的可持续利用。

6.2　研究展望

（1）本书选取了竹林和茶园两种用地类型来分别代表生态型和经济型用地，虽然竹林转变为茶园是太湖流域丘陵生态型用地转变为经济型用地的主要类型之一，但也存在竹林转变为耕地和果园，以及混交林转变为耕地和茶果园等其他转变方式。为了更为深入的研究生态型用地转变为经济型用地对土壤水文过程的影响机制，未来研究应该增加对混交林、耕地、果园等用地类型土壤水文运动分布过程的监测和研究。

（2）本书初步摸清了典型土地利用类型坡面土壤水分运动和分布的过程机理，未来的研究应深化不同用地类型背景下土壤水分运动和壤中流等土壤水文过程对氮磷营养盐流失的控制机理。揭示不同用地类型下营养盐的流失特征和通量，及其与土壤水分、壤中流的关系。定量解译土壤水文过程及环境因子对营养盐输移的影响强度和机制，确定其流失的热点时间和区域，评估土地利用方式改变对营养盐流失所产生的影响，以期为太湖流域丘陵的水土资源合理利用和面源污染控制服务。

（3）在深入研究不同用地类型土壤水文过程对营养盐流失的控制机理的基础上，优化配置区域土地利用结构和布局，逐步引导"土地开发"观念向生态型土地格局为主的方向发展。通过坡面不同土地利用组合模式（农田、茶园、林地等利用方式在不同坡位的搭配）设计、限制现有林地开发强度、适当扩大生态型用地规模、建设林草缓冲带、恢复小流域的生态沟谷网络系统等措施，以达到涵养水源、削减氮磷流失的目的，降低因土地利用方式转变所引发的营养物质随土壤水分和壤中流迁移而流失的风险，实现区域土地的可持续利用。

参考文献

Abu-Awwad A M, Shatanawi M R. Water harvesting and infiltration in arid areas affected by surface crust: examples from Jordan [J]. Journal of Arid Environments, 1997, 37(3):443 - 452.

Allaire S E, Roulier S, Cessna A J. Quantifying preferential flow in soils: a review of different techniques [J]. Journal of Hydrology, 2009, 378(1):179 - 204.

Baroni G, Ortuani B, Facchi A, et al. The role of vegetation and soil properties on the spatio-temporal variability of the surface soil moisture in a maize-cropped field [J]. Journal of Hydrology, 2013, 489(3):148 - 159.

Belcher D J, Cuykendall T R, Sack H S. The measurements of soil moisture and density by neutron and gamma-ray scattering [J]. U.S.civil Aeronautics Admin. tech. devel. rept, 1950.

Biswas A, Si B C. Identifying scale specific controls of soil water storage in a hummocky landscape using wavelet coherency [J]. Geoderma, 2011, 165(1):50 - 59.

Bodman G B, Colman E A. Moisture and energy conditions during downward entry of water into soils[J]. Soil Science Society of America

Journal, 1944, 8(C): 116 - 122.

Bogena H R, Herbst M, Huisman J A, et al. Potential of Wireless Sensor Networks for Measuring Soil Water Content Variability [J]. Vadose Zone Journal, 2010, 9(4):1002 - 1013.

Bormann F H, Likens G. Pattern and process in a forested ecosystem: disturbance, development and the steady state based on the Hubbard Brook ecosystem study [M]. Springer Science & Business Media, 2012.

Bormann H. Assessing the soil texture-specific sensitivity of simulated soil moisture to projected climate change by SVAT modelling [J]. Geoderma, 2012, 185 - 186(3):73 - 83.

Boser B E, Guyon L M, Vapnik V N. A training algorithm for optimal margin classifiers. In: Haussler, D. (Ed.), 5th Annual ACM Workshop on COLT, pp. 1992:144 - 152.

Brolsma R J, van Vliet M T H, Bierkens M F P. Climate change impact on a groundwater-influenced hillslope ecosystem [J]. Water Resources Research, 2010, 46(11):389 - 400.

Bronstert A, Niehoff D, Bürger G. Effects of climate and land-use change on storm runoff generation: present knowledge and modelling capabilities [J]. Hydrological Processes, 2002, 16(2):509 - 529.

Cambardella C A, Moorman T B, Novak J M, et al. Field-scale variability of soil properties in central Iowa soils [J]. Soil Science Society of America Journal, 1994, 58(5):1501 - 1511.

Cerdà A. Effects of rock fragment cover on soil infiltration, interrill runoff and erosion [J]. European Journal of Soil Science, 2001, 52 (1):59 - 68.

Champa J, Mohanty B P. Physical controls of near-surface soil moisture across varying spatial scales in an agricultural landscape during SMEX02[J]. Water Resources Research, 2010, 46(46):65 – 74.

Champagne C, Mcnairn H, Berg A A. Monitoring agricultural soil moisture extremes in Canada using passive microwave remote sensing [J]. Remote Sensing of Environment, 2011, 115(10):2434 – 2444.

Chanasyk D S, Naeth M A. Field measurement of soil moisture using neutron probes.[J]. Canadian Journal of Soil Science, 1996, 76(3): 317 – 323.

Chang C, Lin C, LIBSVM: A library for support vector machines. Available at:http://www.csie.ntu.edu.tw/~cjlin/libsvm. 2001.

Cho J, Barone V A, Mostaghimi S. Simulation of land use impacts on groundwater levels and streamflow in a Virginia watershed [J]. Agricultural Water Management, 2009, 96(1):1 – 11.

Cosh M H, Jackson T J, Bindlish R, et al. Watershed scale temporal and spatial stability of soil moistureand its role in validating satellite estimates [J]. Remote Sensing of Environment, 2004, 92(4):427 – 435.

Cresswell H P, Painter D J, Cameron K C. Tillage and Water Content Effects on Surface Soil Hydraulic Properties and Shortwave Albedo [J]. Soil Science Society of America Journal, 1993, 57(3):816 – 824.

Dobriyal P, Qureshi A, Badola R, et al. A review of the methods available for estimating soil moisture and its implications for water resource management [J]. Journal of Hydrology, 2012, 458(3): 110 –117.

Doltra J, Muñoz P. Simulation of nitrogen leaching from a fertigated crop rotation in a Mediterranean climate using the EU-Rotate _ N and

Hydrus-2D models [J]. Agricultural Water Management, 2010, 97 (97):277 - 285.

Dunn S M, Mackay R. Spatial variation in evapotranspiration and the influence of land use on catchment hydrology [J]. Journal of Hydrology, 1995, 171(1 - 2):49 - 73.

El-Nesr M N, Alazba A A, Šimůnek J. HYDRUS simulations of the effects of dual-drip subsurface irrigation and a physical barrier on water movement and solute transport in soils [J]. Irrigation Science, 2014, 32(2):111 - 125.

Engman E T, Chauhan N. Status of microwave soil moisture measurements with remote sensing[J]. Remote Sensing of Environment, 1995, 51(1): 189 - 198.

Erlingsson S, Baltzer S, Baena J, et al. Measurement Techniques for Water Flow [J]. Geotechnical Geological & Earthquake Engineering, 2008, 5:45 - 67.

Famiglietti J S, Rudnicki J W, Rodell M. Variability in surface moisture content along a hillslope transect: Rattlesnake Hill, Texas [J]. Journal of Hydrology, 1998, 210(1 - 4):259 - 281.

Fan M, Shibata H. Simulation of watershed hydrology and stream water quality under land use and climate change scenarios in Teshio River watershed, northern Japan [J]. Ecological Indicators, 2015, 50: 79 -89.

Feddes R A, Kowalik P J, Zaradny H. Simulation of Field Water Use and Crop Yield [J]. Simulation of Plant Growth & Crop Production, 1978, 129(3).

Folino G, Mendicino G, Senatore A, et al. A model based on cellular automata for the parallel simulation of 3D unsaturated flow [J]. Parallel Computing, 2006, 32(5):357 - 376.

Fu B J, Wang J, Chen L D, et al. The effects of land use on soil moisture variation in the Danangou catchment of the Loess Plateau, China [J]. Catena, 2003, 54(1 - 2):197 - 213

Grayson R B, Western A W, Chiew F H S, et al. Preferred states in spatial soil moisture patterns: Local and nonlocal controls [J]. Water Resources Research, 1997, 33(12):2897 - 2908.

Groffman P M, Butterbach-Bahl K, Fulweiler R W, et al. Incorporating Spatially and Temporally Explicit Phenomena (Hotspots and Hot Moments) in Denitrification Models[J]. Biogeochemistry, 2009, 93 (1):49 - 77.

Guber A K, Pachepsky Y A, Genuchten M T V, et al. Multimodel simulation of water flow in a field soil using pedotransfer functions [J]. Vadose Zone Journal, 2009, 2009(1):1 - 10.

Guber A K, Pachepsky Y A, Van Genuchten M T, et al. Field-scale water flow simulations using ensembles of pedotransfer functions for soil water retention [J]. Vadose Zone Journal, 2006, 5(1): 234 -247.

Haga H, Matsumoto Y, Matsutani J, et al. Flow paths, rainfall properties, and antecedent soil moisture controlling lags to peak discharge in a granitic unchanneled catchment [J]. Water Resources Research, 2005, 41(12):2179 - 2187.

Hargreaves G H, Samani Z A. Reference crop evapotranspiration from temperature [J]. Applied engineering in agriculture, 1985, 1(2): 96 -99.

Hawley M E, Jackson T J, Mccuen R H. Surface soil moisture variation on small agricultural watersheds [J]. Journal of Hydrology, 1983, 62 (1 – 4):179 – 200.

Heathman G C, Cosh M H, Merwade V, et al. Multiscale temporal stability analysis of surface and subsurface soil moisture within the Upper Cedar Creek Watershed, Indiana [J]. Catena, 2012, 95(1): 91 –103.

Hébrard O, Voltz M, Andrieux P, et al. Spatio-temporal distribution of soil surface moisture in a heterogeneously farmed Mediterranean catchment [J]. Journal of Hydrology, 2006, 329(1 – 2):110 – 121.

Hensley, D., Deputy, J. Using tensiometers for measuring soil water and scheduling irrigation 1999 (University of Hawaii, CTAHR, Cooperative Extension Service L – 10).

Hills R C, Reynolds S G. Illustrations of soil moisture variability in selected areas and plots of different sizes [J]. Journal of Hydrology, 1969, 8(1):27 – 47.

Hu W, Si B C. Revealing the relative influence of soil and topographic properties on soil water content distribution at the watershed scale in two sites [J]. Journal of Hydrology, 2014, 516: 107 – 118.

Hu X T, Chen H, Wang J, et al. Effects of Soil Water Content on Cotton Root Growth and Distribution Under Mulched Drip Irrigation [J]. Agricultural Sciences in China, 2009, 8(6):709 – 716.

Hupet F, Vanclooster M. Intraseasonal dynamics of soil moisture variability within a small agricultural maize cropped field [J]. Journal of Hydrology, 2002, 261(1):86 – 101.

Kachanoski R G, Jong E D. Scale dependence and the temporal

persistence of spatial patterns of soil water storage [J]. Water Resources Research, 1988, 24(1):85 – 91.

Kuzyakov Y, Blagodatskaya E. Microbial hotspots and hot moments in soil: Concept & review [J]. Soil Biology & Biochemistry, 2015, 83: 184 – 199.

Ladu J L C, Demetry P L, Henry T O, et al. Modeling storm water runoff from green roofs with HYDRUS – 1D [J]. Journal of Hydrology, 2010, 358:288 – 293.

Laio F, Porporato A, Ridolfi L, et al. Plants in water-controlled ecosystems: active role in hydrologic processes and response to water stress: II. Probabilistic soil moisture dynamics [J]. Advances in Water Resources, 2001, 24(7):707 – 723.

Lan M, Hongchang H U, Tian F Q, et al. A two-dimensional numerical model coupled with multiple hillslope hydrodynamic processes and its application to subsurface flow simulation [J]. Science China Technological Sciences, 2013, 56(10):2491 – 2500.

Lannoy G J M D, Verhoest N E C, Houser P R, et al. Spatial and temporal characteristics of soil moisture in an intensively monitored agricultural field (OPE 3) [J]. Journal of Hydrology, 2006, 331(3 – 4): 719 –730.

Leon E, Vargas R, Bullock S, et al. Hot spots, hot moments, and spatio-temporal controls on soil CO_2 efflux in a water-limited ecosystem [J]. Soil Biology & Biochemistry, 2014, 77(7):12 – 21.

Leonard S T, Droege M. The uses and benefits of cluster analysis in pharmacy research [J]. Research in Social & Administrative Pharmacy Rsap, 2008, 4(1):1 – 11.

Li H P, Liu X, Huang W. The Non-point Output of Different Landuse Typesin Zhexi Hydraulic Region of Taihu Basin [J]. Acta Geographica Sinica, 2004, 59(3):401 - 408.

Li Q, Zhu Q, Zheng J S, et al. Soil Moisture Response to Rainfall in Forestland and Vegetable Plot in Taihu Lake Basin, China [J]. Chinese Geographical Science, 2015, 25(4):426 - 437.

Li S H, Zhou D M, Luan Z Q, et al. Quantitative simulation on soil moisture contents of two typical vegetation communities in Sanjiang Plain, China [J]. Chinese Geographical Science, 2011, 21 (6): 723 -733.

Liao K H, Xu F, Zheng J S, et al. Using different multimodel ensemble approaches to simulate soil moisture in a forest site with six traditional pedotransfer functions [J]. Environmental Modelling & Software, 2014, 57:27 - 32.

Liao K H, Xu S H, Wu J C, et al. Uncertainty analysis for large-scale prediction of the van Genuchten soil-water retention parameters with pedotransfer functions [J]. Soil Research, 2014, 52(5): 431 - 442.

Liao K H, Xu S H, Wu J C, et al. Using support vector machines to predict cation exchange capacity of different soil horizons in Qingdao City, China [J]. Journal of Plant Nutrition and Soil Science, 2014, 177(5): 775 - 782.

Lin H, Bouma J, Wilding L P, et al. Advances in Hydropedology [J]. Advances in Agronomy, 2005, 85:1 - 89.

Lin H, Drohan P, Green T R. Hydropedology: The Last Decade and the Next Decade[J]. 2015, 79(3):357 - 361.

Lin H, Zhou X. Evidence of subsurface preferential flow using soil hydrologic monitoring in the Shale Hills catchment [J]. European Journal of Soil Science, 2008, 59(1):34 – 49.

Lin H. Earth's Critical Zone and hydropedology: concepts, characteristics, and advances [J]. Hydrology & Earth System Sciences, 2009, 6 (2): 3417 –3481.

Loew A, Mauser W. On the disaggregation of passive microwave soil moisture data using a priori knowledge of temporally persistent soil moisture fields [J]. Geoscience and Remote Sensing, IEEE Transactions on, 2008, 46(3): 819 – 834.

Lookingbill T, Urban D. An empirical approach towards improved spatial estimates of soil moisture for vegetation analysis [J]. Landscape Ecology, 2004, 19(4):417 – 433.

Mcclain M E, Boyer E W, Dent C L, et al. Biogeochemical Hot Spots and Hot Moments at the Interface of Terrestrial and Aquatic Ecosystems [J]. Ecosystems, 2003, 6(4):301 – 312.

Mcguire K J, Weiler M, Mcdonnell J J. Integrating tracer experiments with modeling to assess runoff processes and water transit times [J]. Advances in Water Resources, 2007, 30(4):824 – 837.

Monteith J L. Evaporation and surface temperature [J]. Quarterly Journal of the Royal Meteorological Society, 1981, 107(451): 1 – 27.

Moran M S, Peters-Lidard C D, Watts J M, et al. Estimating soil moisture at the watershed scale with satellite-based radar and land surface models [J]. Canadian journal of remote sensing, 2004, 30 (5): 805 – 826.

Mualem Y. A new model for predicting the hydraulic conductivity of unsaturated porous media [J]. Water resources research, 1976, 12(3):

513 - 522.

Naden P S, Watts C D. Estimating Climate-Induced Change in Soil Mois-
ture at the LandscapeScale: An Application to Five Areas of Ecologi-
cal Interest in the U.K. [J]. Climatic Change, 2001, 49(4):411 -440.

Nash J E, Sutcliffe J V. River flow forecasting through conceptual models
part I—A discussion of principles[J]. Journal of hydrology, 1970, 10
(3): 282 - 290.

Nobre C A, Sellers P J, Shukla J. Amazonian deforestation and regional
climate change [J]. Journal of Climate, 1991, 4(10). 957 - 988.

Owe, M., Jones, E. B. Schmugge, T. J. Soil moisture variation patterns
observed in hand county, south dakota1[J]. Jawra Journal of the
American Water Resources Association, 1982.18(6):949 - 954.

Pachepsky Y A, Rawls W J, Lin H S. Hydropedology and pedotransfer
functions [J]. Geoderma, 2006, 131(3):308 - 316.

Parker J N, Hackett E J. Hot Spots and Hot Moments in Scientific Col-
laborations and Social Movements [J]. American Sociological
Review, 2012, 77(1):21 - 44.

Parkin T B. Spatial Variability of Microbial Processes in Soil—A Review
[J]. Journal of Environmental Quality, 1993, 22(3):409 - 417.

Pelt R S V, Wierenga P J. Temporal stability of spatially measured soil
matric potential probability density function [J]. Soil Science Society
of America Journal, 2001, 65(3):668 - 677.

Penna D, Brocca L, Borga M, et al. Soil moisture temporal stability at
different depths on two alpine hillslopes during wet and dry periods
[J]. Journal of Hydrology, 2013, 477(1):55 - 71.

Penna D, Tromp-Van Meerveld H J, Gobbi A, et al. The influence of soil moisture on thresholds generation processes in an alpine headwater catchment [J]. Hydrology & Earth System Sciences, 2010, 7(5): 689 – 702.

Philip J R. Plant Water Relations: Some Physical Aspects [J]. Annual Review of Plant Physiology, 1966, 17(1):245 – 268.

Pionke H B, Hoover J R, Schnabel R R, et al. Chemical-hydrologic interactions in the near-stream zone [J]. Water Resources Research, 1988, 24(7):1101 – 1110.

Porporato A, Rodriguez-Iturbe I. Ecohydrology—A challenging multidisciplinary research perspective [J]. Hydrological Sciences Journal/ journal Des Sciences Hydrologiques, 2002, 47(5):811 – 821.

Qiu Y, Fu B J, Wang J, et al. Soil moisture variation in relation to topography and land use in a hillslope catchment of the Loess Plateau, China [J]. Journal of Hydrology, 2001, 240(3):243 – 263.

Qiu Y, Fu B J, Wang J, et al. Spatial variability of soil moisture content and its relation to environmental indices in a semi-arid gully catchment of the Loess Plateau, China[J]. Journal of Arid Environments, 2001, 49(4): 723 –750.

Qiu Y, Fu B J, Wang J, et al. Spatiotemporal prediction of soil moisture content using multiple-linear regression in a small catchment of the Loess Plateau, China [J]. Catena, 2003, 54(1 – 2):173 – 195.

Ritchie J T. Model for predicting evaporation from a row crop with incomplete cover [J]. Water resources research, 1972, 8(5): 1204 – 1213.

Robinson D A, Campbell C S, Hopmans J W, et al. Soil Moisture Measurement for Ecological And Hydrological Watershed-Scale Observatories: A Review [J]. Vadose Zone Journal Vzj, 2008, 7 (1):

358 –389.

Robock A, Vinnikov K Y. Temporal and spatial scales of observed soil moisture variations in the extratropics [J]. Journal of Geophysical Research Atmospheres, 2000, 105(D9):11865 – 11878.

Romshoo S A. Geostatistical analysis of soil moisture measurements and remotely sensed data at different spatial scales [J]. Environmental Geology, 2004, 45(3):339 – 349.

Ross D J, Tate K R, Scott N A, et al. Land-use change: effects on soil carbon, nitrogen and phosphorus pools and fluxes in three adjacent ecosystems [J]. Soil Biology & Biochemistry, 1999, 31(6):803 –813.

Schaap M G, Leij F J, Van G M, et al. Neural Network Analysis for Hierarchical Prediction of Soil Hydraulic Properties [J]. Soil Science Society of America Journal, 1998, 62(62):847 – 855.

Scheidel A, Sorman A H. Energy transitions and the global land rush: Ultimate drivers and persistent consequences [J]. Global Environmental Change, 2012, 22(3):588 – 595.

Schume H, Jost G, Katzensteiner K. Spatio-temporal analysis of the soil water content in a mixed Norway spruce European beech stand [J]. Geoderma, 2003, 112(3 – 4):273 – 287.

Sela S, Svoray T, Assouline S. Soil water content variability at the hillslope scale: Impact of surface sealing [J]. Water Resources Research, 2012, 48(48):221 – 221.

Seppelt R, Voinov A. Optimization methodology for land use patterns—evaluation based on multiscale habitat pattern comparison[J]. Ecological Modelling, 2003, 168(3):217 – 231.

Shen Q, Gao G Y, Fu B J, et al. Soil water content variations and hydrological relations of the cropland-treebelt-desert land use pattern in an oasis-desert ecotone of the Heihe River Basin, China [J]. Catena, 2014, 123(1):52 – 61.

Sidle R C, Noguchi S, Tsuboyama Y, et al. A conceptual model of preferential flow systems in forested hillslopes: Evidence of selforganization [J]. Hydrological Processes, 2001, 15(10): 1675 –1692.

Šimůnek J, Genuchten M T V, Šejna M. Development and applications of the HYDRUS and STANMOD software packages and related codes [J]. Vadose Zone Journal, 2002, 46(9):1323 – 1326.

Šimůnek J, Šejna M, van Genuchten M T. The HYDRUS – 2D software package for simulating two-dimensional movement of water, heat, and multiple solutes in variably-saturated media. Version 2.0 [J]. Ground Water Model. Cent., Colo. Sch. of Mines, Golden, 1999: 251.

Skaggs T H, Trout T J, Šimunek J, et al. Comparison of HYDRUS – 2D simulations of drip irrigation with experimental observations [J]. Journal of irrigation and drainage engineering, 2004, 130 (4): 304 –310.

Solomon D, Lehmann J, Zech W. Land use effects on soil organic matter properties of chromic luvisols in semi-arid northern Tanzania: carbon, nitrogen, lignin and carbohydrates [J]. Agriculture Ecosystems & Environment, 2000, 78(3):203 – 213.

Topp G C, Davis J L, Annan A P. Electromagnetic determination of soil water content: measurements in coaxial transmission lines[J]. Water resources research, 1980, 16(3): 574 – 582.

Vachaud G, Silans A P D, Balabanis P, et al. Temporal Stability of Spatially Measured Soil Water Probability Density Function1 [J]. Soil Science Society of America Journal, 1985, 49(4):822 – 828.

van Genuchten M Th. A closed-form equation for predicting the hydraulic conductivity of unsaturated soils [J]. Soil science society of America journal, 1980, 44(5): 892 – 898.

van Genuchten M Th. A numerical model for water and solute movement in and below the root zone [M]. United States Department of Agriculture Agricultural Research Service US Salinity Laboratory, 1987.

Vapnik, V. N. The Nature of Statistical Learning Theory. Springer, New York, USA. 1995.

Vepraskas M J, Heitman J L, Austin R E. Future directions for hydropedology: quantifying impacts of global change on land use [J]. Hydrology & Earth System Sciences, 2009, 13(8):1427 – 1438.

Verburg P H, Neumann K, Nol L. Challenges in using land use and land cover data for global change studies [J]. Global Change Biology, 2011, 17(2):974 – 989(16).

Vereecken H, Huisman J A, Bogena H, et al. On the value of soil moisture measurements in vadose zone hydrology: A review [J]. Water Resources Research, 2008, 44(4):253 – 270.

Vereecken H, Huisman J A, Pachepsky Y, et al. On the spatio-temporal dynamics of soil moisture at the field scale [J]. Journal of Hydrology, 2014, 516(17):76 – 96.

Verhoest N E C, Troch P A, Paniconi C, et al. Mapping basin scale variable source areas from multitemporal remotely sensed observations of soil moisture behavior[J]. Water Resources Research, 1998, 34(12):

3235 – 3244.

Vidon P, Allan C, Burns D, et al. Hot Spots and Hot Moments in Riparian Zones: Potential for Improved Water Quality Management 1 [J]. Jawra Journal of the American Water Resources Association, 2010, 46(2):278 – 298.

Vidon P, Marchese S, Welsh M, et al. Short-term spatial and temporal variability in greenhouse gasfluxes in riparian zones [J]. Environmental Monitoring & Assessment, 2015, 187(8):1 – 9.

Wagenet R J. Scale issues in agroecological research chains [J]. Nutrient Cycling in Agroecosystems, 1998, 80(50):23 – 34.

Wallhan E F. Use of tensiometers for soil moisture measurement in ecological research[J]. Ecology, 1939, 20(3): 403 – 412.

Wan R R, Yang G S. Influence of land use/cover change on storm runoff—A case study of Xitiaoxi River Basin in upstream of Taihu Lake Watershed [J]. Chinese Geographical Science, 2007, 17(4): 349 – 356.

Wanke H, Dünkeloh A, Udluft P. Groundwater Recharge Assessment for the Kalahari Catchment of North-eastern Namibia and North-western Botswana with a Regional-scale Water Balance Model[J]. Water Resources Management, 2008, 22(9). 1143 – 1158.

Webster R. Is soil variation random? [J]. Geoderma, 2000, 97 (3): 149 –163.

Western A W, Blöschl G, Grayson R B. Geostatistical characterisation of soil moisture patterns in the Tarrawarra catchment [J]. Journal of Hydrology, 1998a, 205(s1 – 2):20 – 37.

Western A W, Blöschl G, Grayson R B. How well do indicator

variograms capture the spatial connectivity of soil moisture? [J]. Hydrological Processes, 1998b, 12(12):1851 - 1868.

Western A W, Blöschl G. On the spatial scaling of soil moisture [J]. Journal of Hydrology, 1999, 217(s3 - 4):203 - 224.

Western A W, Grayson R B, Bloschl G, et al. Observed spatial organization of soil moisture and its relation to terrain indices [J]. Water Resources Research, 1999, 35(3):797 - 810.

Western A W, Zhou S L, Grayson R B, et al. Spatial correlation of soil moisture in small catchments and its relationship to dominant spatial hydrological processes [J]. Journal of Hydrology, 2004, 286(1 - 4): 113 - 134.

Williams C J, Mcnamara J P, Chandler D G. Controls on the temporal and spatial variability of soil moisture in a mountainous landscape: the signature of snow and complex terrain. [J]. Hydrology & Earth System Sciences, 2009, 13(7):1325 - 1336.

Xue Q, Zhu Z, Musick J T, et al. Root growth and water uptake in winter wheat under deficit irrigation [J]. Plant & Soil, 2003, 257(1):151 - 161.

Yi J, Zhao Y, Shao M A, et al. Soil freezing and thawing processes affected by the different landscapes in the middle reaches of Heihe River Basin, Gansu, China [J]. Journal of Hydrology, 2014, 519(b):1328 - 1338.

Yoo C, Kim S. EOF analysis of surface soil moisture field variability [J]. Advances in Water Resources, 2004, 27(8):831 - 842.

Zhang B, Tang J L, Gao C, et al. Subsurface lateral flow from hillslope and its contribution to nitrate loading in streams through an agricultural catchment during subtropical rainstorm events[J]. Hydrology and Earth System Sciences, 2011, 15(9):3153 – 3170.

Zhang P, Liu Y H, Pan Y, et al. Land use pattern optimization based on CLUE-S and SWAT models for agricultural non-point source pollution control [J]. Mathematical & Computer Modelling, 2013, 58(3 – 4):588 – 595.

Zhao N N, Yu F L, Li C Z, et al. Soil Moisture Dynamics and Effects on Runoff Generation at Small Hillslope Scale [J]. Journal of Hydrologic Engineering, 2015,20(7): 1 – 13

Zhao Y, Peth S, Hallett P, et al. Factors controlling the spatial patterns of soil moisture in a grazed semi-arid steppe investigated by multivariate geostatistics [J]. Ecohydrology, 2011, 4(1):36 – 48.

Zhu Q, Liao K H, Xu Y, et al. Monitoring and prediction of soil moisture spatial-temporal variationsfrom a hydropedological perspective: a review [J]. Soil Research, 2012, 50(8):625 – 637.

Zhu Q, Lin H. Influences of soil, terrain, and crop growth on soil moisture variation from transect to farm scales [J]. Geoderma, 2011,163 (1 – 2):45 – 54.

Zhu Q, Nie X F, Zhou X B, et al. Soil moisture response to rainfall at different topographic positions along a mixed land-use hillslope [J]. Catena, 2014, 119(8):61 – 70.

Zhu Q, Schmidt J P, Bryant R B. Hot moments and hot spots of nutrient losses from a mixed land use watershed[J]. Journal of Hydrology, 2012, 414 – 415(11):393 – 404.

Zhu Q, Schmidt J P, Buda A R, et al. Nitrogen loss from a mixed land use watershed as influenced by hydrology and seasons [J]. Journal of

Hydrology，2011，405(3-4):307-315.

Zhu Y J，Shao，M A. Variability and pattern of surface moisture on a small-scale hillslope in Liudaogou catchment on the northern Loess Plateau of China[J]. Geoderma，2008，147(3-4):185-191.

陈红，冯云，周建梅，等. 毛竹根系生物量分布与季节动态变化[J]. 生态环境学报，2013(10):1678-1681.

陈星，余钟波，许钦. 太湖流域典型丘陵区分布式水文模拟[J]. 河海大学学报:自然科学版，2012，40(1):19-22.

陈永义，俞小鼎，高学浩，等. 处理非线性分类和回归问题的一种新方法（Ⅰ）——支持向量机方法简介[J]. 应用气象学报，2004，15(3):345-354.

刁亚芹，韩莹，李兆富. 2000年以来天目湖流域茶园分布变化及趋势模拟[J]. 湖泊科学，2013，25(6):799-808.

段亮亮，满秀玲，刘玉杰，等. 大兴安岭北部天然落叶松林土壤水分空间变异及影响因子分析[J]. 北京林业大学学报，2014，36(4):36-41.

付丛生，陈建耀，曾松青，等. 基于原型观测与DEM的强风化花岗岩小流域水文过程模拟[J]. 农业工程学报，2010，26(10):90-98.

傅伯杰，陈利顶，马克明. 黄土丘陵区小流域土地利用变化对生态环境的影响——以延安市羊圈沟流域为例[J]. 地理学报，1999，54(3):241-246.

傅伯杰，陈利顶，王军，等. 土地利用结构与生态过程[J]. 第四纪研究，2003，23(3):247-255.

高峰. 稻田土壤水分动态模拟研究[D]. 南京信息工程大学，2008.

高晓东. 黄土丘陵区小流域土壤有效水时空变异与动态模拟研究[D]. 中国科学院大学，2013.

龚元石，曹巧红，黄满湘. 土壤容重和温度对时域反射仪测定土壤水分的影响[J]. 土壤学报,1999,36(2):145-153.

龚元石,李春友. 农田土壤水分测定三种方法的比较[J]. 中国农业大学学报,1997(3):53-58.

巩合德,张一平,刘玉洪,等. 哀牢山常绿阔叶林土壤水分动态变化[J]. 东北林业大学学报,2008,36(1):53-54.

郭小燕,刘学录,王联国. 基于混合蛙跳算法的土地利用格局优化[J]. 农业工程学报,2015,31(24):281-288.

郭旭东,陈利顶. 土地利用/土地覆被变化对区域生态环境的影响[J]. 环境科学进展,1999(6):66-75.

郭旭东,傅伯杰,陈利顶,等. 低山丘陵区土地利用方式对土壤质量的影响——以河北省遵化市为例[J]. 地理学报,2001,56(4):447-455.

哈凯,丁庆龙,门明新,等. 山地丘陵区土地利用分布及其与地形因子关系——以河北省怀来县为例[J]. 地理研究,2015,34(5):909-921.

韩丹,程先富,谢金红,等. 大别山区江子河流域土壤有机质的空间变异及其影响因素[J]. 土壤学报,2012,49(2):403-408.

韩莹,李恒鹏,聂小飞,等. 太湖上游低山丘陵地区不同用地类型氮、磷收支平衡特征[J]. 湖泊科学,2012,24(6):829-837.

何东健,杨成海,杨青,等. 面向精准农业的农田土壤成分实时测定研究进展[J]. 农业工程学报,2012,28(7):78-85.

何其华,何永华,包维楷. 干旱半干旱区山地土壤水分动态变化[J]. 山地学报,2003,21(2):149-156.

何长斌. 基于数字高程模型的区域地形因子提取方法[J]. 林业调查规划,2007,32(2):18-21.

黄金辉,廖允成,高茂盛,等. 耕作和覆盖对黄土高原果园土壤水分和温度的影响[J]. 应用生态学报,2009,20(11):2652-2658.

纪迪,张慧,沈渭寿,等. 太湖流域下垫面改变与气候变化的响应关系[J].

自然资源学报，2013(1):51-62.

兰旻，胡宏昌，田富强. 基于数值试验的山坡尺度降雨产流关系[J]. 清华大学学报:自然科学版，2014(8):1018-1024.

雷志栋，胡和平，杨诗秀. 土壤水研究进展与评述[J]. 水科学进展，1999(3):311-318.

雷志栋. 土壤水动力学[M]. 清华大学出版社，1988.

李恒鹏，金洋，李燕. 模拟降雨条件下农田地表径流与壤中流氮素流失比较[J]. 水土保持学报，2008，22(2):6-9.

李洪建，王孟本，柴宝峰. 黄土高原土壤水分变化的时空特征分析[J]. 应用生态学报，2003，14(4):515-519.

李庆国，陈守煜. 基于模糊模式识别的支持向量机的回归预测方法[J]. 水科学进展，2005，16(5):741-746.

李小雁，马育军. 水文土壤学:一门新兴的交叉学科[J]. 科技导报，2008，26(9):78-82.

李亚龙. 土壤水分时空分布研究进展[J]. 中国农村水利水电，2008(12):30-34.

李永芳. 南宁青秀山植被规划类型的生态水文效应模拟研究[D]. 中南林业科技大学，2013.

廖凯华. 大沽河流域土壤水资源评价及农业节水灌溉模式研究[D]. 青岛大学，2009.

林大仪. 土壤学[M]. 中国林业出版社，2002.

林洁，陈效民，张勇，等. 基于BP神经网络的太湖典型农田土壤水分动态模拟[J]. 南京农业大学学报，2012，35(4):140-144.

刘昌明. 土壤-植物-大气系统水分运行的界面过程研究[J]. 地理学报，1997(4):366-373.

刘纪远，张增祥，徐新良，等. 21世纪初中国土地利用变化的空间格局与驱动力分析[J]. 地理学报,2009,64(12):1411-1420.

刘浏,徐宗学. 太湖流域洪水过程水文-水力学耦合模拟[J]. 北京师范大学学报:自然科学版,2012,48(5):530-536.

刘世梁,傅伯杰,吕一河,等. 坡面土地利用方式与景观位置对土壤质量的影响[J]. 生态学报,2003,23(3):414-420.

刘思春,高亚军,王永一,等. 土壤水势测定方法的选择及准确性研究[J]. 干旱地区农业研究,2011,29(4):189-192.

刘蔚漪,范少辉,刘希珍,等. 闽北不同类型毛竹林土壤水分时空变化规律[J]. 水土保持通报,2015,35(4):59-63.

刘向东,吴钦孝. 六盘山林区森林树冠截留,枯枝落叶层和土壤水文性质的研究[J]. 林业科学,1989(3):220-227.

刘玉,李林立,赵柯,等. 岩溶山地石漠化地区不同土地利用方式下的土壤物理性状分析[J]. 水土保持学报,2004,18(5):142-145.

骆仁祥,张春霞,王福升,等. 毛竹等3个竹种的根系分布特征及其林地土壤抗冲性比较研究[J]. 竹子研究汇刊,2009,28(4):23-26.

马云,何丙辉,陈晓燕,等. 不同土地利用方式下坡面土壤养分分布特征[J]. 水土保持学报,2009,23(6):118-122.

孟秦倩,王健,吴发启,等. 黄土山地苹果园土壤水分最大利用深度分析[J]. 农业工程学报,2012(15):65-71.

聂春燕,胡克林,邵元海,等. 基于支持向量机和神经网络的土壤水力学参数预测效果比较[J]. 中国农业大学学报,2010,15(6):102-107.

聂小飞,李恒鹏,黄群彬,等. 天目湖流域丘陵山区典型土地利用类型氮流失特征[J]. 湖泊科学,2013,25(6):827-835.

牛红玉,王克勤,李太兴,等. 抚仙湖流域坡耕地施肥对土壤水中氮磷质量浓度的影响[J]. 中国水土保持科学,2011,09(5):73-78.

裴铁,王番,李金中. 壤中流模型研究的现状及存在问题[J]. 应用生态学报，1998(5):543－548.

邱扬，傅伯杰，王军,等. 土壤水分时空变异及其与环境因子的关系[J]. 生态学杂志，2007，26(1):100－107.

邱扬，傅伯杰. 黄土丘陵小流域土壤水分时空分异与环境关系的数量分析[J]. 生态学报，2000，20(5):741－747.

陕永杰，濮励杰，张健,等. 基于137Cs 示踪法的太湖流域典型山地土壤侵蚀规律分析[J]. 水土保持学报，2011，25(2):29－32.

尚松浩. 土壤水分动态模拟模型及其应用[M]. 科学出版社，2009.

邵明安，王全九，黄明斌. 土壤物理学[M]. 高等教育，2006.

邵晓梅，严昌荣，徐振剑. 土壤水分监测与模拟研究进展[J]. 地理科学进展，2004，23(3):58－66.

佘冬立，邵明安，薛亚锋,等. 坡面土地利用格局变化的水土保持效应[J]. 农业工程学报，2011，27(4):22－27.

史志华，朱华德，陈佳,等. 小流域土壤水分空间异质性及其与环境因子的关系[J]. 应用生态学报，2012，23(4):889－895.

宋克鑫. FDR 土壤含水率传感器的主要影响因子与其结构优化研究[D]. 西北农林科技大学，2013.

孙然好，陈利顶，张百平,等. 山地景观垂直分异研究进展[J]. 应用生态学报，2009，20(7):1617－1624.

孙小祥，杨桂山，欧维新,等. 太湖流域耕地变化及其对生态服务功能影响研究[J]. 自然资源学报，2014，29(10):1675－1685.

汤国安，杨昕. ARCGIS 地理信息系统空间分析实验教程[M]. 科学出版社，2009.

万荣荣，杨桂山. 流域土地利用/覆被变化的水文效应及洪水响应[J]. 湖泊科学，2004(3):258－264.

汪耀富，高华军，邵孝侯. 蒸渗仪控制下烤烟土壤水分的时空动态研究[J].

水土保持学报，2005，19(3):152-155.

王峰，沈阿林，陈洪松，等. 红壤丘陵区坡地降雨壤中流产流过程试验研究[J]. 水土保持学报，2007，21(5):15-17.

王红梅，谢应忠，王堃. 不同类型人工草地小尺度土壤水分空间异质性特征研究[J]. 草地学报，2013，21(6):1052-1058.

王景雷，吴景社，孙景生，等. 支持向量机在地下水位预报中的应用研究[J]. 水利学报，2003(5):122-128.

王军，傅伯杰，蒋小平. 土壤水分异质性的研究综述[J]. 水土保持研究，2002，9(1):1-5.

王军，傅伯杰，邱扬，等. 黄土丘陵小流域土壤水分的时空变异特征——半变异函数[J]. 地理学报，2000，55(4):428-438.

王力，邵明安，王全九. 林地土壤水分运动研究述评[J]. 林业科学，2005，41(2):147-153.

王鹏，高超，姚琪，等. 环太湖典型丘陵区不同土地利用下土壤磷素随地表径流迁移特征[J]. 农业环境科学学报，2007，26(3):826-830.

王鹏，宋献方，侯士彬. 太行山区典型植被对土壤水势动态的影响研究[J]. 自然资源学报，2009，24(8):1467-1476.

王齐瑞，谭晓风，高峻. 太行山山前坡地不同土地利用方式下土壤水分的时空变异特征[J]. 水土保持学报，2008，22(4):100-103.

王少昆，赵学勇，左小安，等. 科尔沁沙地小叶锦鸡儿灌丛下土壤水分对降雨响应的空间变异性[J]. 干旱区研究，2008，25(3):389-393.

王晓东，蒙吉军. 土地利用变化的环境生态效应研究进展[J]. 北京大学学报:自然科学版，2014，50(6):1133-1140.

王晓贤，张学培. 晋西黄土高原土壤水分垂直变化规律及生态影响[J]. 水土保持研究，2009，16(2):200-204.

王晓燕，陈洪松，王克林. 红壤坡地不同土地利用方式土壤蒸发和植被蒸腾规律研究[J]. 农业工程学报，2007，23(12):41 - 45.

王彦辉. 在不同植被类型条件下陇东地区雨季土壤水分的消退规律[J]. 水土保持学报，1989(2):81 - 89.

王毅. 壤中流控制机制及其生态水文效应的试验和模拟研究[D]. 中国科学院研究生院，2011.

王玉娟，杨胜天，吕涛，等. 区域尺度典型喀斯特地区土壤水分动态模拟[J]. 自然资源学报，2009，24(4):650 - 662.

王云强，邵明安，刘志鹏. 黄土高原区域尺度土壤水分空间变异性[J]. 水科学进展，2012，23(3):310 - 316.

王舟. 三江平原洪河保护区不同植被群落土壤水分动态监测与模拟研究[D]. 首都师范大学，2014.

吴黎，张有智，解文欢，等. 土壤水分的遥感监测方法概述[J]. 国土资源遥感，2014(2):19 - 26.

吴堑虹，王关金，戴塔根，等. 土壤环境质量支持向量机预测模型初探——以湖南长沙、株洲、湘潭地区为例[J]. 地学前缘，2008，15(5):97 -102.

徐慧芳，宋同清，黄国勤，等. 喀斯特峰丛洼地区坡地不同土地利用方式下土壤水分的时空变异特征[J]. 生态学报，2014，34(18):5311 - 5319.

徐嘉兴，李钢，张海荣. 太湖流域土地利用变化及其驱动力定量分析[J]. 国土与自然资源研究，2012(3):19 - 21.

徐建华. 现代地理学中的数学方法[M]. 高等教育出版社，1996.

徐勤学，王天巍，李朝霞，等. 紫色土坡地壤中流特征[J]. 水科学进展，2010，21(2):229 - 234.

许莎莎，孙国钧，刘慧明，等. 黑河河岸植被与环境因子间的相互作用[J]. 生态学报，2011，31(9):2421 - 2429.

杨绍锷，黄元仿. 基于支持向量机的土壤水力学参数预测[J]. 农业工程学报，2007，23(7):42 - 47.

杨胜天，刘昌明，王鹏新. 黄河流域土壤水分遥感估算[J]. 地理科学进展，
    2003，22(5):454 - 462.

杨涛，宫辉力，李小娟，等. 土壤水分遥感监测研究进展[J]. 生态学报，
    2010，30(22):6264 - 6277.

杨新民. 黄土高原灌木林地水分环境特性研究[J]. 干旱区研究，2001，18
    (1):8 - 13.

姚雪玲，傅伯杰，吕一河. 黄土丘陵沟壑区坡面尺度土壤水分空间变异及
    影响因子[J]. 生态学报，2012，32(16):4961 - 4968.

姚志宏，杨勤科，王春梅，等. 基于 GIS 的黄土丘陵区小流域土壤水分模拟
    [J]. 草地学报，2011，19(3):525 - 530.

张北赢，徐学选，李贵玉，等. 土壤水分基础理论及其应用研究进展[J]. 中
    国水土保持科学，2007，5(2):122 - 129.

张北赢. 黄土丘陵区小流域不同土地利用方式土壤水分动态规律研究[D].
    中国科学院教育部水土保持与生态环境研究中心，2008.

张超. 非点源污染模型研究及其在香溪河流域的应用[D]. 清华大
    学，2008.

张朝生，章申，何建邦. 长江水系沉积物重金属含量空间分布特征研
    究——地统计学方法[J]. 地理学报，1997(2):184 - 192.

张海，张立新，柏延芳，等. 黄土峁状丘陵区坡地治理模式对土壤水分环境
    及植被恢复效应[J]. 农业工程学报，2007，23(11):108 - 113.

张海林，秦耀东，朱文珊. 耕作措施对土壤物理性状的影响[J]. 土壤，
    2003，35(2):140 - 144.

张继光，陈洪松，苏以荣，等. 喀斯特山区洼地表层土壤水分的时空变异
    [J]. 生态学报，2008，28(12):6334 - 6343.

张继光，苏以荣，陈洪松，等. 桂西北喀斯特区域土壤水分动态变化研究

[J]. 水土保持通报，2007(5)：32 - 36.

张俊平，胡月明，刘素萍，等. 土壤水分空间变异研究综述[J]. 土壤通报，2009(3)：683 - 690.

张娜，于振良，赵士洞. 长白山植被蒸腾量空间变化特征的模拟[J]. 资源科学，2001，23(06)：91 - 96.

张强，黄生志，陈晓宏. 基于支持向量机的土壤湿度模拟及预测研究[J]. 土壤学报，2013，50(1)：59 - 67.

张卫华，魏朝富，靳军英. 水文土壤学理论及其应用研究进展[J]. 水利水电技术，2008，39(10)：1 - 4.

张志才，陈喜，石朋，等. 贵州喀斯特峰丛山体土壤水分布特征及其影响因素[J]. 长江流域资源与环境，2008，17(5)：803 - 807.

赵成义，王玉朝. 荒漠-绿洲边缘区土壤水分时空动态研究[J]. 水土保持学报，2005，19(1)：124 - 127.

赵东娟，齐伟，赵胜亭，等. 基于 GIS 的山区县域土地利用格局优化研究[J]. 农业工程学报，2008，24(2)：101 - 106.

赵世伟，吴金水. 子午岭北部不同植被类型土壤水分特征研究[J]. 水土保持学报，2002，16(4)：119 - 122.

周启友，岛田纯. 土壤水空间分布结构的时间稳定性[J]. 土壤学报，2003，40(5)：683 - 690.

周择福，李昌哲. 北京九龙山不同植被土壤水分特征的研究[J]. 林业科学研究，1994(1)：48 - 53.

朱德兰，杨涛，王得祥，等. 黄土丘陵沟壑区三种不同植被土壤水分动态及蒸散耗水规律研究[J]. 水土保持研究，2009，16(1)：8 - 12.

朱华德. 五龙池小流域土壤水分时空变异及其与主要影响因子的关系[D]. 华中农业大学，2014.

朱铭莪，和文祥，张炎，等. 土壤水分能量与土壤生化活性[J]. 西北农业学报，1993(2):85-89.

朱青,史伯强,廖凯华.基于聚类和时间稳定性的土壤含水量优化监测[J].
    土壤通报,2015(1):74-79.

庄季屏.四十年来的中国土壤水分研究[J].土壤学报,1989(3):241-248.

宗良纲,周俊,罗敏,等.江苏茶园土壤环境质量现状分析[J].中国生态农
    业学报,2006,14(4):61-64.

附　录

插图目录

表格目录

索　引

B

边界条件　14,75,76,162

表层　5,8,11,13,16,19,45,52,58,64 -
　66,70,80,82,100,101,116,123,
　124,157

C

茶园　2,19,24 - 28,30 - 38,42 - 56,58 -
　61,64 - 75,77 - 82,84 - 87,90 - 119,
　122 - 132,150,159 - 165

尺度　2,6 - 11,13 - 16,21,22,25,40,
　42,43,54,70,87,101,110 - 114,126,
　128,130,152,155 - 157,160,164

初始条件　75,78,79,82

D

地球关键带　1

地统计　8,39,41,49,53 - 55,70,129,
　157,161,164

地形因子　24,36,37,55,69,124,127,
　129,151,160

东部湿润区　23,45

多情境　2,25

E

二维　14,24,72 - 74,76,100 - 102,
　126,128 - 130,162

F

非接触型　4

G

GIS　25,90,110 - 112,126,154,157,158

概念模型　13

干旱时期　10,21,38,43,45,52,53,55 -
　58,61,64 - 70,88,129

高空间分辨率　16,24,69,87,89,100,
　101,128,129

高时间分辨率　7,16,24,73,75,79,80,
　82,87,88,100,101,128,129

格局　9,17,21,22,24,42,56,69,70,
　87, 100, 101, 128, 129, 132, 151,
　154,158

后　记

　　本书是基于我攻读博士期间以及参加工作后的相关科研成果的总结和提炼。首先感谢恩师南京大学周生路教授和中国科学南京地理与湖泊研究所朱青研究员，本书的选题、研究框架设计、撰写以及最后的修改定稿，都倾注了两位老师大量心血。感谢周老师能给我来南京大学这所著名高等学府求学的机会，周老师博学睿智、治学严谨、思维严谨、为人豁达，是我终生学习的榜样。感谢朱老师提供了完成本书所需的实验平台，让我开拓了学术视野，提高了科研素养，生活中像兄长一样鼓励和支持我，让我倍感温暖和鼓舞。

　　在本书的写作过程中，南京大学吴绍华副教授、中国科学院南京地理与湖泊研究所林晨副研究员、廖凯华副研究员均给予了大力指导和帮助。同时感谢南京大学和中国科学院南京地理与湖泊研究所课题组的各位同门在我博士在读期间给予我的帮助和鼓励，回想起与你们在一起实验、出差、组会、奋战课题的那些快乐日子，你们的陪伴，让我的科研求学之路洒满了阳光。

　　感谢我的硕士导师西北师范大学石培基教授，石老师是带我走上科研道路的引路人，让我在硕士期间得到很多科研和专业技能训练。感谢我原工作单位兰州市国土资源局（兰州市国土资源评价研究院）的领导韦玲霞女士，在我工作和考博阶段给予的支持和关心。2016 年 11 月我来到南京财经大学公共管理学院工作,感谢学校及学院的各位领导、老师、同事的无私帮助和指导。

感谢我在南京、兰州两地的朋友刘春芳、李婧婧、谭蕾、徐玲玉、刘建利、杨春利、范宏斌等,谢谢你们充当了我"情绪的垃圾桶",帮我舒缓了许许多多的科研和生活压力。

感谢我的母亲、妹妹等家人,她们从来不给我压力,只关心我身体是否健康、心情是否愉快,这样的她们让我能安心求学工作,没有后顾之忧。还要感谢我的爱人王娅娜博士对我的支持和鼓励,与你相遇,是场美丽的意外,谢谢你忍受着我科研工作不顺利时的"低气压"以及"自我诊断的抑郁症"。

最后,我还要感谢我自己,在攻读博士学位期间以及工作后作为"青椒"的日子里,记不清有多少个不眠之夜,感觉自己像是漂泊在茫茫的大海上,看不到彼岸,却也返回不到码头,心中充满了彷徨以及科研工作的压力,一度想放弃,不过幸好都已经咬着牙坚持了下来,现如今能有机会敲下这一行文字来感谢自己。

吕立刚

2018 年 8 月于南京财经大学德济楼

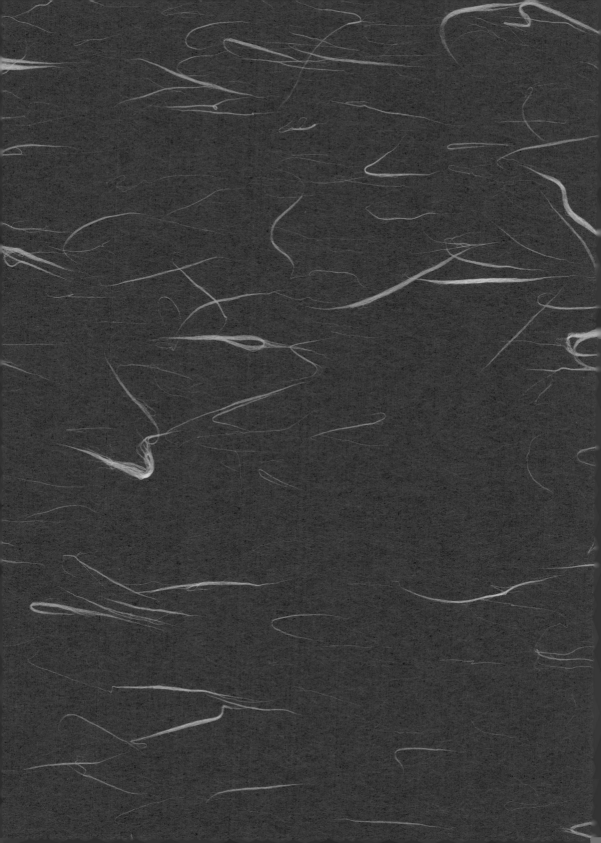